Johanna Handschmann

Weizen, Hirse, Haferkorn...

Getreide in der Vollwertküche

Erprobte Rezepte und wertvoller Rat

Gräfe und Unzer

Umschlagfotos
Vorderseite: Oben links Hafersalat mit Schafkäse, Rezept Seite 23; oben rechts Gemüsebrühe mit Dinkelklößchen, Rezept Seite 28; unten links Maisauflauf mit Tomaten, Rezept Seite 68; unten rechts Gestürzte Reiscreme, Rezept Seite 83.
2. Umschlagseite: Das Hirsesoufflé mit Rhabarber und Erdbeeren ist als süßes Hauptgericht oder als Dessert immer ein erfrischender, leichter Genuß. Rezept Seite 78.
Rückseite: Oben links Buchweizenküchlein mit Tomaten und Käse, Rezept Seite 52; oben rechts Tomaten, mit Hirse gefüllt, Rezept Seite 70; unten links Gerstenschnitten mit Broccolipüree, Rezept Seite 44; unten rechts Kräuternudeln mit Gemüse, Rezept Seite 62.

CIP-Kurztitelaufnahme der Deutschen Bibliothek

Handschmann, Johanna:
Weizen, Hirse, Haferkorn ...: Getreide in der Vollwertküche; erprobte Rezepte und wertvoller Rat / Johanna Handschmann. – 1. Aufl. – München: Gräfe u. Unzer, 1989
(GU-Vollwert-Kochbuch) (Naturgemäß leben)
ISBN 3-7742-2483-8

1. Auflage 1989
© Gräfe und Unzer GmbH, München
Alle Rechte vorbehalten. Nachdruck, auch auszugsweise sowie Verbreitung durch Film, Funk und Fernsehen, durch fotomechanische Wiedergabe, Tonträger und Datenverarbeitungssysteme jeglicher Art nur mit schriftlicher Genehmigung des Verlages.

Redaktion: Antje Schunka-Späth
Herstellung: Ulrike Laqua
Farbfotos: Susi und Pete A. Eising
Zeichnungen: Gerlind Bruhn
Umschlaggestaltung: Heinz Kraxenberger
Satz und Druck: Appl, Wemding
Reproduktion: Brockmann GmbH
Bindung: Sellier, Freising
ISBN 3-7742-2483-8

Johanna Handschmann

stammt aus Rippberg im Odenwald. Nach dem Abitur studierte sie neben anderen Fächern das Fach Hauswirtschaft in Karlsruhe.
Durch die Krankheit einer Kollegin lernte sie die Vollwertkost und deren positive Auswirkungen kennen und begann, sich intensiv mit dieser Art der Ernährung zu beschäftigen. Die Aspekte der Vollwertkost integrierte sie als Hauswirtschaftslehrerin sowohl in den Unterricht als auch in den privaten Bereich mit dem Ziel, diese Ernährungsweise für Kinder und Erwachsene gleichermaßen attraktiv und verlockend zu gestalten.
In Lehrerfortbildungskursen und in Kochkursen an Volkshochschulen überzeugt sie viele Menschen von den Vorzügen der Vollwertkost und der Schmackhaftigkeit ihrer Gerichte.
Johanna Handschmann wohnt am Bodensee, widmet sich mit Begeisterung der Kreation und Erprobung von Vollwertrezepten und schrieb für die Reihe »Kleine GU Vollwert-Kochbücher« bereits »Aufläufe aus der Vollwertküche«.

Wichtiger Hinweis

Kaufen Sie möglichst nur gereinigtes Getreide. Denn Schmutz und Unkrautsamen (vor allem Samen der giftigen Kornrade) dürfen nicht enthalten sein. Das gleiche gilt auch für das heute wieder häufiger auftretende Mutterkorn, das vor allem den Roggen befällt. Es ist ein deutlich erkennbares, schwärzliches und meist stark vergrößertes Korn. In größeren Mengen verzehrt (etwa 5 bis 10 g) ruft es lebensgefährliche Vergiftungserscheinungen hervor. Die Gefahr ist allerdings relativ gering, wenn Sie, wie empfohlen, gereinigtes Getreide kaufen.
Weder die Schoten noch die Samen von Hülsenfrüchten dürfen roh verzehrt werden, da erst durch ausreichendes Garen das darin enthaltene natürliche Gift, das Phasin, das ungünstig auf den Eiweißstoffwechsel wirkt, unschädlich gemacht wird. Dieses Gift wird beim Keimen nur teilweise abgebaut; auch Sojabohnenkeimlinge sollen daher nicht zu oft und grundsätzlich kurz erhitzt/blanchiert verzehrt werden.
Bittermandeln wirken in größeren Mengen giftig. Sie dürfen deshalb nur in kleinen Mengen als Gewürz verwendet werden und sollten immer unerreichbar für Kinder aufbewahrt werden.

Inhalt

Ein Wort zuvor 5

Wissenswertes über Getreide 6

Getreide in der Vollwertküche 6
Getreide-Steckbriefe 8
Getreide richtig behandeln 9
Die Anschaffung einer Getreidemühle 10
Getreide- und andere Sprossen 11
Kochen und Backen mit Getreide 12
Vor dem Start zu lesen 14

Müslivarianten 15

Müsli mit Keimlingen und Haferflocken 15
Gekochtes Müsli 15
Herzhaftes Kräutermüsli 16
Frischkornmüsli 19

Feine Salate und Vorspeisen 20

Bunter Gerstensalat 20
Weizensalat mit Käse und Trauben 21
Grünkernsalat mit Gurke 22
Hafersalat mit Schafkäse 23
Mais-Bohnen-Salat mit Buchweizen 24
Dinkelremoulade 25
Gemüseterrine 26

Suppen, leicht oder deftig 27

Dinkelcremesuppe mit Gemüse 27
Herzhafte Grünkernsuppe 27
Gemüsebrühe mit Dinkelklößchen 28
Reiscremesuppe mit Tomaten oder Möhren 29
Roggencremesuppe mit Kresse 29
Exotische Reis-Linsen-Suppe 30
Bündner Gerstensuppe 31
Hirsesuppe mit Frühlingsgemüse 31
Hafer-Brennessel-Suppe 32

Herzhaftes aus einem Topf 33

Couscous mit Kichererbsen 33
Reis-Gemüse-Topf mit Champignons 34
Hirsotto mit Spargel 37
Dinkel mit Safran und Gemüse 38
Reiscurry mit Zucchini 38
Grünkern-Pilz-Topf 39

Klöße, Knödel, Gnocchi . . . 40

Buchweizenring mit kalter Tomatensauce 40
Spinatgnocchi mit Käsesauce 41
Weizen-Sesam-Klößchen mit Wirsing 42
Salzburger Käseknödel 42
Serviettenknödel mit Pilzragout 43
Gerstenschnitten mit Broccolipüree 44

Knusprige Pfannengerichte 46

Grünkern-Gemüse-Bratlinge 46
Maisschnitten mit Sprossen 46
Hirseplätzchen und Gemüseketchup 47
Crêpes, mit China-Gemüse gefüllt 48
Spinatpfannkuchen 50
Körnige Küchlein mit Gemüse 50
Haferpfannkuchen mit Lauch-Mais-Gemüse 51
Buchweizenküchlein mit Tomaten und Käse 52
Buchweizenblinis und Kräuterquark 55
Gefüllte Hirsepfannkuchen 56
Schrotplätzchen mit Senfsauce
und Möhren-Lauch 56

Nudeln und Spätzle 58

Dinkelnudeln mit Pilzsahne 58
Hafernudeln mit Wirsing in Morchelsauce 59
Spinatspätzle mit Käsesauce 60
Buchweizennudeln und Spinat mit knusprigem Sesam 61
Kräuternudeln mit Gemüse 62
Oberschwäbische Kässpätzle 63

Inhalt

Aufläufe und Gratins 64

Grünkern-Chicorée-Gratin 64
Roggen-Spinat-Auflauf 65
Hirsegratin mit Tomaten und Nüssen 65
Getreide-Gemüse-Auflauf 66
Blumenkohl, mit Grünkernsauce
überbacken 67
Maisauflauf mit Tomaten 68
Wirsingsoufflé 69

Körnig gefülltes Gemüse 70

Tomaten, mit Hirse gefüllt 70
Zwiebeln mit Dinkel-Curry-Füllung 73
Zucchini mit Buchweizenfüllung 74
Hirse-Mangold-Röllchen mit grüner Sauce 74
Tofu-Reis in Auberginen 76

Süße Hauptgerichte und Desserts 77

Apfelküchlein mit Bananen-Zimt-Sauce 77
Kaiserschmarrn mit frischen Früchten 78
Hirsesoufflé mit Rhabarber
und Erdbeeren 78
Alegria-Amaranth-Konfekt 79
Carobcreme mit Bananen 80
Saftiger Kirschauflauf 80
Dinkel-Obst-Salat 81
Haferflockenauflauf mit Pflaumen und Quark 82
Milchreis mit Früchten 82
Gestürzte Reiscreme 83

Herzhaftes Gebäck und Brot 84

Roggen-Knabberstangen 84
Knusperfladen 84
Schwäbische Kümmelstangen 85
Käse-Zwiebel-Plätzchen 86
Grünkern-Zucchini-Brötchen 87
Kerniges Hefebrot 87
Gewürzbrot 88
Möhren-Zucchini-Quiche 89
Wirsingquiche 90

Süßes Gebäck und Kuchen 91

Müslibrötchen 91
Mürbe Teeplätzchen 91
Orangen-Schokoplätzchen 92
Carobbiskuit mit Himbeeren und Sahne 93
Buchweizenkuchen mit Aprikosen 94
Saftiger Hirsekuchen 94
Apfel-Streusel-Kuchen 95
Stollen nach Dresdner Art 96

Kleine Vollwert-Warenkunde 98

Rezept- und Sachregister 102

Ein Wort zuvor

Sind Sie schon vertraut mit Schrot und Korn oder kennen Sie Getreide bisher nur als Brot, Reis oder Haferflocken? Wie auch immer – mit diesem neuen praktischen Ratgeber aus der erfolgreichen Reihe »Kleine GU Vollwert-Kochbücher« kommen Sie bestimmt auf den guten Geschmack und lernen die vielen Vorzüge kennen. Ich möchte Sie einladen, mit mir durch die interessante »Getreide-Landschaft« zu gehen: Sie werden entdecken, wie vielfältig sich Weizen, Gerste, Roggen, Mais, Buchweizen und so weiter zubereiten und genießen lassen. Schon beim Anschauen der brillanten Farbfotos werden Sie viel Appetit bekommen. Wenn Sie dann noch lesen, wie wertvoll das Vollgetreide für Ihre Gesundheit und Ihr Wohlbefinden ist, sollte Sie nichts mehr davon abhalten, gleich mit dem Ausprobieren zu beginnen.

Getreide, schon seit Jahrtausenden Hauptnahrungsmittel auf der ganzen Welt, ist auch in der Vollwertküche die Nummer 1. Das naturbelassene Getreidekorn stellt neben Gemüse, Kartoffeln, Milch- und Sojaprodukten, Nüssen sozusagen eine »Hauptsache« der Vollwertkost dar. Seine vielen Nähr- und Wirkstoffe – im einzelnen nachzulesen auf den folgenden Seiten – sind notwendige Bestandteile einer gesunden Ernährung.

Für die Zubereitung schmackhafter Getreidemahlzeiten brauchen Sie, wenn Sie gut vorplanen, nicht mehr Zeit als für die Zubereitung anderer Speisen. Hinweise und Tips, auf die es in der Getreideküche ankommt, gebe ich Ihnen in diesem Kochbuch. Die Rezeptanleitungen sind unkompliziert, die Zutaten gibt es überall zu kaufen. Was Sie an Zutaten vielleicht nicht genau kennen, wird in der »Warenkunde« auf Seite 98 erklärt. Schritt-für-Schritt-Fotos und Zeichnungen helfen Ihnen außerdem, damit alles von Anfang an gelingt.

Ich stelle Ihnen abwechslungsreiche Rezept-Ideen für viele Gelegenheiten vor, vom Frühstück bis zum Abendimbiß: Müslis, Salate, Suppen, knusprige Pfannengerichte, Gemüsefüllungen, Aufläufe, Desserts, Gebäck und vieles mehr. Manche Gerichte sind gut zum Mitnehmen geeignet, so daß Sie zum Beispiel auch am Arbeitsplatz nicht auf Ihre Getreidemahlzeit verzichten müssen. Einen Hinweis darauf finden Sie vor dem jeweiligen Rezept.

Daß Getreide inzwischen absolut »gesellschaftsfähig« ist, beweisen die Speisekarten vieler renommierter Restaurants. Auch Sie sollen Ihre Gäste mit Getreide-Köstlichkeiten bewirten können, daher wurden die besonders geeigneten Rezepte mit dem Hinweis »Für Gäste« gekennzeichnet.

Viele meiner Getreiderezepte biete ich Ihnen gleich als komplette Mahlzeiten, also mit passenden Beilagen. So müssen Sie nicht lange überlegen, was wozu am besten paßt. Diese Vorschläge für Beilagen sollen Sie dann wieder zu eigenen Variationen mit anderen Getreidezubereitungen anregen.

Die meisten Rezepte dieses Kochbuchs sind für 4 Personen berechnet. Ich habe die Mengen so gewählt, daß sie – nach der bei Vollwertkost obligatorischen Salatvorspeise – ausreichend sättigen. Wichtig ist auch, daß langsam gegessen und gründlich gekaut wird.

Wenn Sie Vollwertkost-Neuling sind, bedenken Sie bitte, daß anfangs eventuell manches noch nicht so gut vertragen wird. Es ist daher wichtig, daß Sie Getreidegerichte nach und nach in Ihren Speiseplan und in Ihre Mahlzeiten einbeziehen, anfangs vielleicht eher Gerichte aus geschrotetem und gemahlenem Getreide.

Ihre Neugier ist sicher nun geweckt. Beginnen Sie mit gutem Appetit den Ausflug in meine/Ihre Getreideküche. Entdecken Sie neue Lieblingsrezepte und überraschen Sie Ihre Familie und Ihre Gäste. Viel Erfolg!

Ihre Johanna Handschmann

Wissenswertes über Getreide

Getreide in der Vollwertküche

Vollwertkost wird immer bekannter und beliebter. Viele Menschen erkennen heute, wie wichtig es für ihre Gesundheit und ihr Wohlbefinden ist, naturbelassene Nahrungsmittel zu bevorzugen. Was unter dem Begriff »Vollwertkost« zu verstehen ist, haben die Gießener Ernährungswissenschaftler Leitzmann, v. Kürten und Männle in der sogenannten »Gießener Formel« kurz und präzise folgendermaßen dargestellt: »Vollwerternährung ist eine Ernährungsweise, in der ernährungsphysiologisch wertvolle Lebensmittel schmackhaft und abwechslungsreich zubereitet werden. Sie besteht vornehmlich aus pflanzlichen Lebensmitteln – Vollgetreide, Gemüse und Obst, möglichst aus kontrolliertem Anbau – sowie Milch und Milchprodukten. Etwa die Hälfte der Lebensmittel wird als Frischkost verzehrt; Fleisch und Eier spielen eine untergeordnete Rolle. Vollwert-Ernährung unterscheidet sich von üblicher Mischkost durch das Vermeiden übertriebener Be- und Verarbeitung der Lebensmittel sowie durch das Vermeiden von Zusatzstoffen.« (Zitat nach Leitzmann/v. Kürten/Männle, UGB-Forum Dez./Jan. 85/86).

Das volle Getreidekorn erfüllt diese Forderungen nach Naturbelassenheit in ganz besonderem Maße. Es enthält nahezu alle für den Menschen wichtigen Nähr- und Wirkstoffe, und zwar in einer so vielfältigen Zusammensetzung, daß wir uns nur mit relativ kleinen Ergänzungen allein von Getreide ernähren könnten. Zudem ist Getreide preiswert und ungemahlen gut lagerfähig.

Leider wird zum Beispiel in der Bundesrepublik nur etwa 20% des angebauten Getreides für Brot und Nährmittel verwendet, während die restlichen 80% bei der Tiermast eingesetzt werden. Wenn die Menschen mehr Getreide essen würden, könnten sie sich wesentlich preiswerter und ökologisch sinnvoller ernähren als mit dem Umweg über tierisches Eiweiß, denn zur Erzeugung einer Fleischkalorie ist etwa die siebenfache Menge an Getreidekalorien notwendig.

Im folgenden möchte ich Ihnen das »Universallebensmittel« Getreide etwas genauer vorstellen.

Getreide näher betrachtet

Während früher der Verbrauch einzelner Getreidearten auf bestimmte Erdteile und Landstriche begrenzt war, können wir heute dank der guten Handelsmöglichkeiten alle Arten in unserer Vollwertküche einsetzen: Weizen, Dinkel oder Grünkern, Roggen, Gerste, Hafer, Hirse, Reis und Mais.

Buchweizen, Amaranth und Quinoa werden für die Küche zu den Getreiden gezählt, da sie ähnliche Eigenschaften und Inhaltsstoffe haben. Botanisch gehören sie anderen Pflanzenfamilien an.

Jedes Getreidekorn ist reich an für unseren Körper notwendigen Wirk- und Funktionsstoffen, je nach Getreideart in spezifischer Kombination: viel Eiweiß, Kohlenhydrate (Stärke, Zucker und unverdauliche Ballaststoffe), geringe Mengen hochwertiger Fette, Vitamin E und Vitamine der B-Gruppe und fast alle lebensnotwendigen Mineralstoffe, vor allem Eisen, Magnesium und Kalium. Diese Inhaltsstoffe sind jedoch nur im ganzen Korn beziehungsweise in Produkten enthalten, die durch Vermahlung des ganzen Korns hergestellt werden. In den Randschichten und im Keimling konzentrieren sich nämlich die für die Ernährung wichtigen Stoffe: Ballaststoffe, Vitamine und Mineralstoffe, hochwertige Eiweiße und Fette. Der Mehlkörper im Inneren des Korns besteht aus Stärke und Klebereiweiß, das zwar für gute Backeigenschaften sorgt, aber für die Ernährung von geringerem Wert ist. Wenn nur dieser innere Kern (von den Randschichten und dem Keimling befreit)

Wissenswertes über Getreide

zur Mehlherstellung verwendet wird, so erhält man die Auszugsmehle mit niedriger Typenzahl (zum Beispiel Type 405), die praktisch keine lebenswichtigen Stoffe enthalten. Nur Vollkornmehle mit einer Typenzahl über 1700 sind vollwertig.

Die Bedeutung der Inhaltsstoffe
Getreide ist ein Nahrungsmittel mit hoher Nährstoffdichte, das heißt es besteht zu 85% aus Nähr- und Wirkstoffen und nur zu 15% aus Wasser.
Getreide enthält 10-16% Eiweiß (zum Vergleich: Milch enthält 3,4%, Ei 11-12%, Käse 15-27%, Fleisch 25-30% Eiweiß). Der biologische Wert der verschiedenen Getreideeiweißarten ist im allgemeinen gut. Damit die Eiweißbausteine aus dem Getreide aber vom Körper voll ausgenutzt werden können, sollten verschiedene eiweißhaltige Nahrungsmittel in einer Mahlzeit kombiniert werden. Bei der Zusammenstellung der Rezepte in diesem Buch habe ich auf solche geeigneten Kombinationen geachtet.
Beispiele günstiger Eiweißkombinationen:
Getreide mit Milch oder Milchprodukten,
Getreide mit Hülsenfrüchten,
Getreide mit Hefe,
Getreide mit Nüssen oder Samen.
Das für die guten Backeigenschaften verantwortliche Klebereiweiß (Gluten) wird von manchen Menschen nicht vertragen, sie müssen daher glutenhaltige Getreidearten meiden, zum Beispiel bei einer Zöliakie- oder Sprue-Diät.
Auch bei der diätetischen Behandlung von Neurodermitis zeigt nach neuesten Erkenntnissen eine glutenfreie Diät gute Erfolge. Reis, Hirse, Buchweizen, Mais, Amaranth und Quinoa sind glutenfrei (man kann mit ihnen allein kein Gebäck herstellen) und können bei einer solchen Diät verwendet werden. Hinweise dazu geben Ihnen die Wertmarken über den Rezepten.
Auch viele andere Gerichte in diesem Buch können durch Austausch der glutenhaltigen Getreidearten gegen glutenfreie abgewandelt werden. Tips dazu finden Sie bei den Rezepten.
Getreide enthält im allgemeinen zwar wenige, aber dafür sehr wertvolle Fette beziehungsweise fettähnliche Stoffe, zum Beispiel Lecithin, das sich günstig auf Nerven, Gehirn, Blutdruck und den Cholesterinstoffwechsel auswirkt.
Der Gehalt an Vitaminen ist bei Vollgetreide sehr hoch. Es sind dies die Vitamine der B-Gruppe, B1, B2, B6, Niacin, Pantothensäure, Folsäure, Biotin.
Vitamin B12, dessen Bedarf bei pflanzlicher Kost geringer ist als bei tierischer Kost, kann durch die Darmbakterien erzeugt werden. Vollgetreide enthält weiter die Vitamine E und K sowie das Carotin, das die Vorstufe des Vitamins A darstellt. Vitamine sind empfindlich, daher sollte gemahlenes Vollgetreide möglichst sofort nach dem Mahlen verarbeitet oder nur kurze Zeit zugedeckt aufbewahrt werden, um Verluste zu vermeiden.
Mineralstoffe und Spurenelemente, die wie die Vitamine für die Regelung wichtiger Stoffwechselvorgänge verantwortlich sind, bietet uns das Vollgetreide ebenfalls in hohem Maße (besonders Kalium, Magnesium, Eisen, Phosphor und Natrium). Calcium, das in den europäischen Getreidearten nur in geringen Mengen vorkommt, können wir mit den calciumreichen Amaranth und Quinoa ergänzen.
Neben den bisher nachgewiesenen Mineralstoffen und Vitaminen vermutet man im Getreide noch sogenannte sekundäre Pflanzenstoffe, die ebenfalls bestimmte Stoffwechselvorgänge im Organismus günstig beeinflussen können.
Die Stärke, mit über 50% der Hauptbestandteil des Getreides, ist leicht verdaulich und liefert dem Körper Energie.
Als letztes seien noch die Ballaststoffe genannt. Obwohl größtenteils unverdaulich, steuern sie sehr viele und wichtige Vorgänge im Körper:

Wissenswertes über Getreide

Neben der Verdauungsregelung erhöhen sie den Sättigungswert der Speisen, können mögliche Giftstoffe aus der Nahrung binden, den Cholesterinspiegel senken und Schwankungen im Blutzuckerspiegel verringern.

Getreide-Steckbriefe
Bild 3. Umschlagseite

Über die Inhaltsstoffe des Vollgetreides haben Sie das Wichtigste im vorangegangenen Kapitel gelesen. In den nun folgenden »Steckbriefen« sollen Sie die typischen Merkmale der verschiedenen Getreidearten und vor allem die Verwendungsmöglichkeiten in der Vollwertküche kennenlernen.

Weizen ist weltweit die wichtigste Getreideart, schmeckt mild und wird aufgrund seines hohen Klebergehaltes vor allem für Brot und Backwaren verwendet. Im Gegensatz zu diesem »Weichweizen« wächst der sogenannte »Hartweizen« vorwiegend in wärmeren Klimazonen. Er enthält weniger Klebereiweiß als Weichweizen. Mehl aus Hartweizen eignet sich daher weniger gut zum Backen, ist jedoch wegen seiner grießartigen Konsistenz ganz hervorragend für die Herstellung von Teigwaren geeignet.

Dinkel ist die alte Kulturform des Weizens. Er schmeckt nußartig, enthält noch mehr Kleber als Weizen und läßt sich feiner ausmahlen. Deshalb verwenden wir ihn für besonders feine Backwaren, für Nudeln, Spätzle, Pfannkuchen.

Grünkern ist unreif geernteter und über Holzfeuer gedarrter Dinkel. Er schmeckt sehr aromatisch und eignet sich besonders gut zur Zubereitung von Suppen, Salaten oder Bratlingen.

Roggen schmeckt kräftig und herzhaft. Daher wird er vorwiegend für Sauerteigbrot, aber auch für Suppen oder Aufläufe verwendet.

Gerste als **Nacktgerste** spelzenfrei gezüchtet, schmeckt mild-aromatisch. Sie hat ein sehr starkes Quellvermögen, daher eignet sie sich hervorragend für Suppen, Salate, Bratlinge oder Getreidegerichte aus der Form. Nebenbei: Gerste ist Rohstoff für die Bierherstellung.

Hafer als spelzenfreier **Nackt- oder Sprießkornhafer** enthält besonders große Mengen an Nähr- und Wirkstoffen. Hafer ist vor allem sehr fettreich und wird oft als »Kraftnahrung« bezeichnet. Sein Geschmack ist mild-aromatisch. Der Genuß von Hafer wirkt sich günstig auf den Cholesterinstoffwechsel aus. Wir verwenden ihn vor allem für Müslis, Suppen und Klöße.

Hirse enthält als besondere Inhaltsstoffe Fluor und Silicium. Sie schmeckt mild und eignet sich daher gleichermaßen gut für süße und pikante Speisen. Hirse ist glutenfrei.

Reis (Naturreis) enthält noch die wertvollen Inhaltsstoffe des ganzen Korns (im Gegensatz zum polierten »weißen« Reis). Naturreis ist als Rundkorn-, Mittelkorn- oder Langkornreis erhältlich (Rund- und Mittelkornreis mehr für breiartige Gerichte, der kernige Langkornreis meist als Beilage). Reiseiweiß ist besonders hochwertig. Reis schmeckt mild und ist sehr vielseitig (auch als Mehl oder Flocken) für pikante und süße Gerichte geeignet. Reis ist glutenfrei.

Mais kann milchreif als Gemüsemais (vom Kolben) oder ausgereift verwendet werden. Die ausgereiften harten Maiskörner lassen sich im Haushalt am besten als Maisgrieß (gekauft, grob oder fein) verarbeiten, da nur wenige Haushaltsgetreidemühlen Mais mahlen können. Er schmeckt mild und eignet sich für süße und pikante Gerichte. Das Maiseiweiß wird sehr gut durch Hülsenfrüchte aufgewertet. Mais ist glutenfrei.

Buchweizen ist botanisch gesehen ein Knöterichgewächs. Er wird aber für die Küche zu den Getreiden gezählt, da er sich wie sie verwenden läßt. Besonderer Inhaltsstoff ist Lecithin, das

Wissenswertes über Getreide

sich regulierend auf den Cholesterinstoffwechsel auswirken kann. Buchweizen schmeckt nußartig aromatisch und wird gerne für Bratlinge, Eintöpfe, Aufläufe und Gebäck verwendet. Buchweizen ist glutenfrei.

Amaranth und **Quinoa** sind zwei getreideähnliche Gewächse von sehr hohem ernährungsphysiologischem Wert. Botanisch gehören sie ebenfalls anderen Pflanzengruppen an. Amaranth und Quinoa (man spricht Kinwa), Grundnahrungsmittel bei den Azteken und Inkas, waren fast in Vergessenheit geraten. Sie werden heute in Amerika wieder verstärkt angebaut, da sie noch mehr Eiweiß von höherer biologischer Wertigkeit als die europäischen Getreidearten und überdurchschnittliche Mengen an Calcium, Magnesium, Phosphor und Eisen enthalten. Sie sind daher vorzüglich zur Aufwertung anderer Getreidearten geeignet. Amaranth und Quinoa sind fast glutenfrei.

Amaranth ähnelt in seinem Nährwert der Milch. Er kann sehr gut bei Milchunverträglichkeit (zum Beispiel bei der Säuglings- und Kleinkindernährung) oder auch für die Sportlerernährung verwendet werden. Amaranth- und Quinoasamen lassen sich sehr vielseitig, ähnlich wie Hirse und Buchweizen, ganz oder gemahlen verarbeiten. Die kleberfreien Mehle können zur Herstellung von Gebäck oder Pfannkuchen mit Weizenmehl vermischt werden. Sehr gut schmeckt Amaranth, wenn man ihn in einer Pfanne aufpufft und dann in Brötchen oder zu Konfekt verarbeitet (siehe Seite 79). Da die Samen keimfähig sind, lassen sie sich auch gut zu Sprossen ankeimen.

In den Ursprungsländern werden übrigens nicht nur die Samen dieser Pflanzen, sondern auch die Blätter als Gemüse verzehrt. Erhältlich sind Amaranth und Quinoa im Naturkost- oder Reformfachhandel (siehe auch Seite 104).

Die beschriebenen Getreidearten außer Mais können ganz, grob oder fein gemahlen oder zu Flocken gequetscht verarbeitet werden. Beim Kauf von Flocken sollten Sie darauf achten, daß diese aus dem ganzen Korn hergestellt wurden.

Getreide richtig behandeln

Damit Sie im Umgang mit Getreide und bei der Zubereitung von Getreidegerichten von Anfang an Erfolg haben, möchte ich Ihnen hier einige wichtige Tips geben:

Das Einkaufen von Getreide
Kaufen Sie nach Möglichkeit nur Getreide aus biologischem Anbau (siehe Hinweise Seite 104). Achten Sie beim Einkauf darauf, daß das Getreide gut gereinigt worden ist und keine Steine, Unkrautsamen oder Mutterkorn enthält. Mutterkorn ist ein durch Pilzbefall verändertes Getreidekorn. Es wirkt in größeren Mengen giftig. Das schwarze Mutterkorn ist größer als ein Getreidekorn, kann aber auch in kleine Stücke zerbrochen sein. Innen ist es weiß. Befallen wird vorwiegend Roggen, seltener auch Weizen.

Um ganz sicher zu gehen, daß sich keine Fremdkörper im Getreide befinden, sollten Sie die Körner vor dem Kochen oder Mahlen erst

Die schwarzen, größeren Körner sind das Mutterkorn, das sich in ungereinigtem Getreide befinden kann.

Wissenswertes über Getreide

zur Sichtprobe in eine flache Schüssel schütten und verlesen, wie ich es mir angewöhnt habe. Dieser geringe Zeitaufwand lohnt sich, auch wenn Sie nur ein Steinchen finden, das beim Mahlen eventuell Ihrer Getreidemühle geschadet hätte. Einem Bericht über Mutterkorn zufolge soll man Getreide frühestens ein halbes Jahr nach der Ernte vermahlen, denn dann soll die Giftigkeit des Mutterkorns erschöpft sein (Zeitungsbericht Prof. Opitz).

In keinem Fall sollten Sie sich durch einseitige Zeitungsberichte über mögliche Verunreinigungen im Getreide davon abhalten lassen, Getreidegerichte auf Ihren Speisezettel zu bringen, denn es wäre schade, auf dieses wertvolle Lebensmittel zu verzichten.

Das Aufbewahren von Getreide

Getreide ist eine »Naturkonserve«. Ganze Getreidekörner können problemlos über Monate oder sogar Jahre gelagert werden. Wichtig ist nur, daß der Lagerplatz trocken, kühl, dunkel, luftig und vor Fremdgerüchen geschützt ist. Die ideale Lagertemperatur liegt zwischen 10° und 15° Celsius. Doch auch bei normaler Zimmertemperatur können Sie Getreide in kleineren Mengen einige Monate aufbewahren.

Getreide, das Sie längere Zeit lagern wollen, muß absolut trocken sein, damit es nicht schimmelt, und es muß ab und zu durchbewegt oder -geschüttelt werden, damit es »atmen« kann. Ob die Körner ausreichend trocken sind, können Sie ganz einfach testen, indem Sie ein Korn mit einem Löffel oder Messerrücken auf einer harten Unterlage zerdrücken: Knackt es hörbar und springt es weg, ist das Korn gut trocken. Läßt es sich zu einer »Flocke« zerdrücken oder schmiert es, dann ist es zu feucht. In diesem Falle sollten Sie die Körner, bevor Sie sie zur Aufbewahrung in geschlossene Behälter füllen, in der Sonne oder im Backofen bei niedrigster Temperatur trocknen.

Als Behälter für Getreide eignen sich Gläser mit Schraubdeckeln oder Korkverschluß. Nehmen Sie dunkle Gläser oder stellen Sie sie im Dunkeln auf. Praktisch sind auch Säckchen aus Baumwollstoff oder Leinen (möglichst doppellagig), die Sie ganz einfach selbst nähen können. Auch Behälter aus unbehandeltem Holz sind sehr gut für die Lagerung vor allem größerer Getreidemengen geeignet. (Es gibt im Naturwarenfachhandel spezielle Getreidetruhen.) Und natürlich können Sie kleine Getreidemengen auch in der Papierverpackung aufbewahren. Sollten sich trotz aller Vorsicht in Ihrem Getreide einmal vereinzelt Insekten wie Kornkäfer, Mehlmotten oder Mehlmilben entwickeln, so können diese entweder durch Kühlen des Getreides im Gefriergerät auf −15° bis −18° für etwa 24 Stunden oder durch Erhitzen der Körner im Backofen oder in einer Pfanne vernichtet werden. Wichtig ist dabei, daß im Korninneren 50° erreicht werden (Erhitzung etwa 6 Stunden bei etwa 70°). Auf diese Weise von Schädlingen befreites Getreide sollte allerdings nicht mehr roh verzehrt werden.

Sehr stark befallenes Getreide geben Sie besser auf den Kompost.

Die Anschaffung einer Getreidemühle

Zum ersten Ausprobieren können Sie sich in vielen Reformhäusern und Naturkostläden kleine Mengen Getreide mahlen lassen. Wenn Sie dann entdeckt haben, wie gut alles schmeckt, und häufiger Getreidegerichte auf Ihren Speisezettel setzen wollen, lohnt sich die Anschaffung einer Getreidemühle. So sind Sie unabhängig von Ladenöffnungszeiten und können das Getreide immer sofort nach dem Mahlen mit dem vollen Wirkstoffgehalt verarbeiten.

Wissenswertes über Getreide

Getreidemühlen gibt es in unterschiedlichen Ausführungen als Handmühlen, als Mühlen mit elektrischem Antrieb und als relativ preiswerte Vorsatzgeräte zu den meisten Küchenmaschinen und elektrischen Gemüseraffeln.

Handmühlen eignen sich nur zum Schroten kleinerer Getreidemengen, da es relativ kraftaufwendig ist und man in diesen Mühlen in einer Minute nur etwa 20–40 g Getreide mahlen kann.

Mahlvorsätze für Küchenmaschinen mit etwa 300 Watt Leistung können in einer Minute 80–100 g Getreide mehlfein mahlen. Standmühlen mit etwa 300 Watt Leistung mahlen in der gleichen Zeit 100–120 g Getreide mehlfein.

Das Mahlwerk der Mühlen kann aus Stahl, Stein oder Keramik bestehen. Wesentliche Unterschiede bei den einzelnen Typen hinsichtlich der Mahlergebnisse konnten in Untersuchungen nicht festgestellt werden.

Achten Sie bei der Auswahl einer Getreidemühle auch darauf: Läßt sich das Mahlwerk leicht zerlegen, damit Sie die Mühle von Zeit zu Zeit, vor allem wenn sie längere Zeit nicht benutzt worden ist, reinigen können? Können Sie die Mühle nach dem Reinigen problemlos wieder zusammensetzen und auf die richtigen Mahlgrade einstellen?

Weitere Informationen erhalten Sie im Fachgeschäft oder im Handbuch der Getreidemühlen (siehe Seite 104).

Getreide- und andere Sprossen

Durch Ankeimen werden die Inhaltsstoffe des rohen Getreidekorns aktiviert, seine Nährwerte werden noch gesteigert. Enzyme bewirken, daß das rohe Korn für unseren Organismus leicht aufschließbar wird.

Zum Ankeimen von Körnern/Samen brauchen Sie ein Einmachglas, Plastik-Fliegengitter und Gummiringe. Es gibt auch spezielle Keimgefäße im Reformhaus oder Naturkostladen.

Die Körner müssen verlesen und in stehendem Wasser gewaschen werden, damit sich oben schwimmende Hülsen leicht entfernen lassen. Danach läßt man die meisten Samen in möglichst kalkfreiem Wasser (abgekocht oder gefiltert) etwa 12 Stunden quellen. Anschließend kommen die Körner in das Keimgefäß. Das Glas wird mit Fliegengitter und Gummi verschlossen, die Keimgefäße nach Vorschrift. Das Gefäß wird an einen warmen, hellen Platz bei 19°–21° gestellt, jedoch nicht direkt in die Sonne. Die Samen sollten täglich zweimal durchgespült werden und danach gut abtropfen. Nach 2–3 Tagen, wenn der Trieb etwa ½ cm lang ist, haben die Keimlinge den höchsten Nährwert. Kresse, Luzerne und Senf können Sie länger wachsen lassen, um auch die grünen Blättchen zu ernten.

Gerade in der frischkostarmen Winter- und Vorfrühlingszeit sind die selbstgezogenen Keimsprossen eine wertvolle und preiswerte Vitalstoffergänzung für Müslis, Salate und anderes.

Keimsprossen auf einen Blick

	Körner	Sprossen	Einweichzeit Stunden	Keimzeit Tage
Weizen, Dinkel, Nacktgerste, Roggen	10 g	25 g	6–12	2–4
Nackthafer	10 g	25 g	4–8	2–4
Kresse, Luzerne (Alfalfa)	10 g	50 g	0	3–5
Sonnenblumenkerne	10 g	20 g	4–8	3–5
Kichererbsen	10 g	20 g	6–12	3–5
Mungobohnen	10 g	35 g	6–12	3–5

Aus Schinharl, Köstliche Keime und feine Sprossen.

Wissenswertes über Getreide

Kochen und Backen mit Getreide

Ganze Getreidekörner sollten nach Möglichkeit einige Stunden vor dem Kochen in Wasser eingeweicht werden, damit sich die Garzeit verkürzt und die Körner gleichmäßig durchgaren. Wenn Sie sie vor dem Einweichen kurz aufkochen, werden sie schneller aufgeschlossen. Nach der Einweichzeit werden die Körner in dem Einweichwasser aufgekocht, dann zugedeckt bei schwacher Hitze weitergekocht. Die Garzeiten hängen von der Dauer des Einweichens und der Qualität des Getreides ab. Die angegebenen Zeiten können daher immer nur Richtwerte sein! Für das Kochen von kleineren Mengen als hier angegeben, brauchen Sie etwas mehr Flüssigkeit. Durch starkes Kochen oder durch häufiges Deckelabheben verdunstete Flüssigkeit muß ersetzt werden.
Wenn das Getreide nicht eingeweicht wurde, sind die Garzeiten etwa doppelt so lang wie angegeben.

Einweich-, Gar- und Quellzeiten für ganze Körner

Getreideart und -menge	Flüssigkeit	Einweichzeit Stunden	Garzeit bei starker Hitze Minuten	Gar-/Quellzeit bei schwacher Hitze Minuten	Quellzeit ohne Hitze Minuten
200 g Weizen,	400 ccm	3–12	4–5	20–60	15
Dinkel	Wasser,	3–12	2–3	15–20	15
Nacktgerste	½ Teel. Salz	1–3	3–4	20–40	15
Roggen		5–12	5	50–60	20
200 g Naturreis	400 ccm	0–1	3–5	25–40	10
Grünkern	Wasser,	0–1	4–5	30–50	15
Nackthafer	½ Teel. Salz	0–1	2–3	20–30	15
200 g Hirse	400–500 ccm	keine	3–5	10–15	10
Buchweizen	Wasser, ½ Teel. Salz	keine	3–5	10–15	10

Tips zum Kochen von Getreide

- Mais wird nicht als ganzes Korn gegart. Für Amaranth und Quinoa liegen noch keine gesicherten Werte vor; richten Sie sich hier etwa nach den Angaben für Buchweizen/Hirse.
- Wenn Sie einfache Töpfe verwenden, sollten Sie unbedingt darauf achten, daß der Topfdeckel genau paßt und dicht schließt. Andernfalls müssen Sie verdampftes Wasser rechtzeitig ersetzen.
- Sehr praktisch und energiesparend ist die »Spar-Gar-Box« (von SUS) im Haushaltswarenfachhandel. Es ist ein Styroporgehäuse, in das ein Edelstahltopf mit dichtschließendem Deckel genau hineinpaßt. Die Getreidekörner werden je nach Sorte 2–5 Minuten auf dem Herd angekocht, dann wird der Topf in die Box gestellt. Jetzt kann das Getreide je nach Sorte 20–60 Minuten darin »weiterköcheln« beziehungsweise ausquellen. Wenn nach der ange-

Wissenswertes über Getreide

gebenen Zeit noch nicht alle Körner gleichmäßig aufgequollen sind, etwas nachquellen lassen.
- Eine Kochkiste tut den gleichen Dienst. Sie läßt sich aus Styropor, mit Decken oder anderem Dämmaterial leicht selbst herstellen.
- Sehr gut können Sie Getreide auch im Dampf garen, wenn Sie einen Dampfdrucktopf mit Schonstufe oder ein Dampfgargerät (mit zeitgenauer Regelung, siehe Seite 104) besitzen. Dabei werden die Körner mit knapp der doppelten Menge Flüssigkeit in einen ungelochten Einsatz gegeben. Die Garzeit im Dampf (ohne Druck) entspricht der in der Tabelle angegebenen Gesamtkochzeit. Nach der Garzeit die Körner noch im Gerät nachquellen lassen.
- Wenn Sie es eilig haben, können Sie auch unter Druck garen. Sie brauchen dann nur etwa die Hälfte der normalen Garzeit. Für das Druckgaren müssen die Körner nicht eingeweicht werden. Wenn sie schon eingeweicht sind, verkürzt sich die Garzeit noch einmal etwa um die Hälfte. Nach Ende der Garzeit den Topf nicht abdampfen, sondern langsam abkühlen und das Getreide dabei nachquellen lassen. Das Garen unter Druck sollte nur als Notlösung betrachtet werden, da es nicht so wertschonend ist.
- Gekochte Getreidekörner haben etwa das 2½fache Gewicht von rohen, nicht eingeweichten Körnern.
- Bei den Getreidearten, die viel Zeit brauchen, empfiehlt es sich, gleich die doppelte Menge zu kochen und einen Teil im Kühlschrank (3–4 Tage) oder Gefriergerät (3–4 Monate) aufzuheben.
- Zum Garen von Getreideschrot wird etwa die 3fache Flüssigkeitsmenge benötigt. Die Gar- und Quellzeit beträgt 20–30 Minuten.

Tips zum Backen mit Getreide
- Um zügig arbeiten zu können, sollten Sie vor Arbeitsbeginn alle Zutaten abgewogen bereitstellen beziehungsweise vorbereiten (zum Beispiel das Getreide vorher mahlen).
- Wiegen Sie die Backzutaten möglichst mit einer Küchenwaage ab. Ein Meßbecher ist in der Getreideküche zu ungenau, da zum Beispiel Weizenkörner ein anderes Raummaß haben als Weizenmehl und Zuckerrohrgranulat ein anderes als weißer Kristallzucker.
- Die Flüssigkeitsmengen sind in den Rezepten in ccm angegeben. Wenn Sie keinen Meßbecher mit ccm-Skala besitzen, wiegen Sie die Flüssigkeit ab: 1 ccm entspricht etwa 1 g.
- Achten Sie auf die Größe der Eier. In den Rezepten wurde Handelsklasse 3-4 verwendet.
- Aufgrund von Untersuchungen wurde festgestellt, daß Weißblechformen weniger gute und silikonbeschichtete Formen besonders gute Backergebnisse erzielen. Formen aus Glas, Keramik und Porzellan sind schlechte Wärmeleiter, daher muß bei Verwendung dieser Formen eine etwas höhere Temperatur eingestellt werden, und die Backzeit kann sich um 20-30% verlängern. Für das Backergebnis ist auch wichtig, daß Sie Backformen immer nur mit heißem Wasser, nie mit Spülmittel reinigen.
- Fachleute empfehlen, den Backofen vorzuheizen, da es bei den einzelnen Herdtypen unterschiedlich lange dauern kann, bis die gewünschte Temperatur erreicht ist. Wenn nicht vorgeheizt wird, ist die Backzeit etwas länger. Hefeteige können in den gerade eingeschalteten Backofen geschoben werden, da die steigende Hitze den Teig noch etwas aufgehen läßt. Für Biskuitteige sollte der Backofen auf jeden Fall vorgeheizt werden.
- Grundsätzlich sollten alle, auch die beschichteten Formen eingefettet werden, außer bei fetthaltigen Mürbeteigen. Als Fett eignet sich am besten Butter. Bei sehr feuchten Teigen sollten Sie die Form zusätzlich mit Bröseln, Kleie oder Mehl ausstreuen. Für Kleingebäck und Biskuit kann der Boden der Form oder das Blech auch mit Backtrennpapier oder Pergamentpapier ausgelegt werden.

Wissenswertes über Getreide

Vor dem Start zu lesen

Mengen und Maße

Meine Rezepte sind in der Regel für 4 Personen berechnet. Die Mengen für Hauptgerichte habe ich so gewählt, daß sie nach der bei Vollwertkost obligatorischen Salatvorspeise ausreichend sättigen. Wenn Sie größeren Appetit haben oder nur 1-2 Portionen kochen wollen, lassen sich die Mengen auch problemlos umrechnen.

Die Mengen sind meist in g oder ccm angegeben, Kleinmengen auch in Löffelmaßen. Vergleichen Sie bitte in der nachfolgenden Übersicht, ob Ihre Löffelmaße damit übereinstimmen. Sie können sich die Arbeit noch vereinfachen, wenn Sie prüfen, ob Ihre Tassengröße mit den angegebenen Maßen übereinstimmt. Verwenden Sie dann immer die gleiche Tasse.

Beachten Sie bitte, daß ganze Getreidekörner, Schrot, Flocken oder Mehl unterschiedliches Volumen haben. Daher eignen sich Meßbecher nicht zum »Abwiegen« dieser Zutaten.

Einige Maße und Gewichte:

1 gestrichener Teel. Salz	5 g
1 Tasse Wasser, Milch, Sahne	etwa 200 ccm = 200 g
1 Tasse Getreidekörner	150-200 g
1 gehäufter Eßl. Getreidekörner	20-25 g
1 gehäufter Eßl. Getreideflocken	10-15 g
1 leicht gehäufter Eßl. Vollkornmehl	10 g
1 leicht gehäufter Eßl. geriebener Käse	20 g
1 gehäufter Eßl. Butter	20 g
1 Würfel Gemüsebrühe	2 gestrichene Teelöffel Brühe/Paste
1 leicht gehäufter Eßl. Zuckerrohrgranulat	10 g
1 leicht gehäufter Eßl. Honig	20 g

Die Gemüsemengen sind so angegeben, wie Sie sie einkaufen oder aus Ihrem Garten ernten.

Praktische Tips, die Zeit und Energie sparen helfen

Eine wichtige Regel für die gesunde Küche lautet, Lebensmittel so schonend und so kurz wie möglich zu garen. Wie das gelingt und wie Sie außerdem noch Zeit und Energie – und damit auch Geld – sparen können, zeigen Ihnen die folgenden Tips.

- Kochen Sie Gemüse immer in wenig Flüssigkeit. Das verkürzt die Ankochzeit und läßt das Gemüse so wenig wie möglich auslaugen. Alles bleibt aromatisch. Benützen Sie dazu Töpfe mit dichtschließendem Deckel. In flachen, breiten Töpfen kann die Hitze das Gemüse gleichmäßiger durchdringen und somit läuft der Garprozeß schneller ab. Wichtig ist beim wasserarmen Garen, daß die Temperatur nicht zu hoch ist, da sonst zuviel Flüssigkeit verdunsten würde. Schalten Sie daher nach dem Ankochen rechtzeitig zurück.

- Auch das Garen im Dampf (ohne Druck) ist eine schonende Garmethode. Geeignet dafür sind Dampfdrucktöpfe oder -geräte mit Schonstufe oder einfache Dampf-Etagen-Kocher.

- Backöfen funktionieren je nach Modell unterschiedlich. Nehmen Sie daher die Temperaturangaben in den Rezepten als Richtwerte. Sie werden jedoch bald die für Ihren Backofen richtige Einstellung herausfinden. Bei Umluftbacköfen kann die Hitze in der Regel 10-20% niedriger gewählt werden.

- Zum Zerkleinern der Lebensmittel reicht meist ein gutes, scharfes Küchenmesser. Sie können jedoch viel Zeit sparen, wenn Sie einige kleine Hilfsgeräte einsetzen: einen Gemüsehobel, für den es oft auch verschiedene Einsätze gibt (ein solches Gerät hat zum Beispiel den Vorteil, daß Gemüsescheiben gleich dick werden und gleichmäßig garen); einen Elektrohacker mit rotierendem Messer oder einen Mixstab. Diese Geräte lassen sich auch bei kleineren Mengen rationell nutzen.

Müslivarianten

Tanken Sie schon morgens »Müsli-Kraft«: Ein Müsli versorgt den Körper mit Energie, die lange anhält. Daher sollten Müslis, nach Geschmack süß oder pikant, einen festen Platz auf Ihrem Speisezettel haben.

Ganz einfach · Preiswert

Müsli mit Keimlingen und Haferflocken

Zutaten für 4 Portionen:
50 g Weizen · 50 g Nackthafer oder anderes Getreide · 60 g Vollkornhaferflocken · etwa 100 g Sahne oder Joghurt · 2 Eßl. Nüsse oder 1 Eßl. Nußmus · 2 Äpfel · 1–2 Teel. Zitronensaft, frisch gepreßt · 2 Bananen und/oder andere Früchte je nach Jahreszeit · eventuell Honig, Ahornsirup oder Zuckerrohrgranulat
Pro Portion mit Sahne etwa: 1600 kJ/380 kcal
8 g Eiweiß · 15 g Fett · 55 g Kohlenhydrate · 9 g Ballaststoffe

Keimzeit: 2–3 Tage
Zubereitungszeit: etwa 15 Minuten

• Die Getreidekörner mischen und 2–3 Tage vorher zum Keimen ansetzen (siehe Seite 11).
• Die gekeimten Getreidekörner verlesen, in einem Sieb kalt abspülen und abtropfen lassen.
• In einer Schüssel die Haferflocken mit der Sahne oder dem Joghurt verrühren. Die Keimlinge dazugeben und nach Belieben mit einem Mixstab leicht zerkleinern.
• Die Nüsse auf einem Brett mit einem großen Messer grob hacken. Die Nüsse oder das Nußmus in das Müsli einrühren.
• Die Äpfel gründlich warm waschen, abtrocknen und mit der Schale auf einer mittelgroben Reibe direkt in die Schüssel oder auf einen Teller reiben. Sofort mit etwas Zitronensaft beträufeln und unter das Müsli rühren.
• Die Banane und/oder die anderen Früchte je nach Art waschen beziehungsweise schälen, kleinschneiden und bis auf einen kleinen Rest dazugeben.
• Das Müsli mit Honig, Sirup oder Granulat abschmecken, in Portionsschälchen anrichten und mit den restlichen Früchten garnieren.

Ganz einfach · Preiswert

Gekochtes Müsli

Schmeckt auch mit anderen Getreidearten.

Zutaten für 4 Portionen:
160 g Nackthafer oder Vollkornhaferflocken · etwa ¾ l Wasser oder Milch · 1 gehäufter Eßl. Butter (20 g) · 50 g Sahne · 2 Bananen · 2 Äpfel · eventuell 2 Eßl. ungeschwefelte Rosinen oder 1–2 Teel. Honig · 2 Eßl. Mandeln · 2 Eßl. Weizensprossen (siehe Seite 11) oder Weizenkeimflocken
Pro Portion mit Wasser etwa: 1800 kJ/430 kcal
10 g Eiweiß · 16 g Fett · 61 g Kohlenhydrate · 9 g Ballaststoffe

Zubereitungszeit: etwa 30 Minuten

• Die Haferkörner verlesen und mittelgrob schroten.
• Den Haferschrot oder die Haferflocken in einen Topf geben. Das Wasser oder die Milch hineinrühren und unter ständigem Rühren erhitzen, bis die Masse breiartig wird. Sollte sie zu fest geworden sein, noch etwas Wasser oder Milch hinzufügen.
• Den Topf vom Herd nehmen. Die Butter auf der warmen Masse schmelzen lassen. Die Sah-

Müslivarianten

ne darunterrühren. Den Haferbrei leicht abkühlen lassen.
• Inzwischen die Banane schälen, längs vierteln, in kleine Würfel schneiden und unter den Brei rühren.
• Den Apfel gründlich warm abwaschen, abtrocknen, mit der Schale mittelgrob direkt auf die Masse reiben – oder in kleine Stückchen schneiden – und sofort darunterrühren.
• Das Müsli wenn nötig noch mit den Rosinen oder dem Honig leicht süßen, dann in eine Schüssel oder in Portionsschälchen umfüllen.
• Die Mandeln mittelgrob hacken und zusammen mit den Weizensprossen oder -keimflokken über das Müsli streuen.

Braucht etwas Zeit · Preiswert

Herzhaftes Kräutermüsli

Daß ein Müsli nicht immer süß schmecken muß, zeigt diese Variante, die als Frühstück, Mittagsimbiß, Büromahlzeit zum Mitnehmen oder auch als vitalstoffreiches Abendessen für Abwechslung sorgt.

Zutaten für 4 Portionen:
80–100 g Weizen oder anderes Getreide · 100 ccm Wasser · 300–400 g Quark mit 20% Fett · 50 g Sahne · 1–2 Teel. kaltgepreßtes Sonnenblumenöl · ½–1 Bund Schnittlauch, Petersilie oder andere frische Kräuter · eventuell 1 kleine Zwiebel · 2 Tomaten oder 1 Bund Radieschen oder ¼ unbehandelte Salatgurke (100 g) · Salz oder Streuwürze · 1 Prise Kümmel · 4 Eßl. Luzernensprossen (siehe Seite 11) oder Kresse
Pro Portion etwa: 720 kJ/170 kcal
13 g Eiweiß · 6 g Fett · 17 g Kohlenhydrate · 3 g Ballaststoffe

Einweichzeit: 5–12 Stunden, Hafer 30 Minuten
Zubereitungszeit: etwa 30 Minuten

• Die Getreidekörner verlesen, mittelgrob schroten, in eine Schüssel geben und mit dem Wasser verrühren.
• Den Getreidebrei zugedeckt an einem kühlen Platz (bei 5–10°) je nach Getreideart 30 Minuten oder 5–12 Stunden quellen lassen.
• Den Quark mit der Sahne und dem Öl verrühren.
• Die Kräuter gründlich waschen, trockenschütteln, sehr fein schneiden oder hacken und unter den Quark rühren.
• Nach Belieben die Zwiebel schälen, abspülen, halbieren, sehr fein würfeln und ebenfalls darunterrühren.
• Die Tomaten waschen, halbieren, den Stielansatz herausschneiden und die Tomatenhälften kleinschneiden. Oder die Radieschen waschen und in dünne Scheiben schneiden. Oder die Gurke gründlich waschen, abtrocknen, längs vierteln und in dünne Scheibchen schneiden oder mittelgrob raspeln. Das zerkleinerte Gemüse in die Quarkmasse rühren.
• Den gequollenen Frischkornbrei mit der Quarkmischung verrühren. Das Müsli mit 1 Prise Salz, Streuwürze und dem Kümmel würzen und abschmecken.
• Die Sprossen oder die Kresse abspülen und darüberstreuen.

Für die Gemüseterrine (von links nach rechts) Möhren zum Füllen und für den Teig schneiden, die Getreide-Gemüse-Mischung gründlich verrühren, die Form mit Papier auslegen, die Möhrenstreifen auf der ersten Teigschicht verteilen, die Broccoliröschen auf die zweite Schicht legen (Zwischenräume mit Teig ausfüllen, sonst fallen später die Scheiben auseinander), die Terrine in Scheiben, nach Belieben mit Salat und Kräutersahne, anrichten. Rezept Seite 26.

Müslivarianten

Braucht etwas Zeit · Einfach abzuwandeln

Frischkornmüsli

Für das Frischkornmüsli können Sie jede Getreideart verwenden, die Ihnen schmeckt. Besonders beliebt sind Weizen und Hafer. Alle geschroteten Getreide müssen für ein Frischkornmüsli 5–12 Stunden eingeweicht werden, mit Ausnahme von Hafer, der nur etwa 30 Minuten quellen sollte, da er sonst bitter schmeckt. Das Einweichen des Getreideschrots ist notwendig, damit die Nährstoffe für die Verdauung aufgeschlossen werden.

Zutaten für 4 Portionen:
200 g Weizen, Nackthafer, Roggen, Nacktgerste oder Hirse, eine Sorte oder gemischt · etwa 200 ccm kaltes Wasser · 50 g beliebige Nüsse · 2 Äpfel · 2 Teel. Zitronensaft, frisch gepreßt · 1–2 Bananen und/oder andere Früchte, je nach Jahreszeit · 50 g ungeschwefelte Rosinen oder Sultaninen, eventuell gebrüht und eingeweicht · etwa ⅛ l Sahne, Milch, Joghurt, Dickmilch oder Obstsaft nach Geschmack · 3–4 Eßl. Leinsamen · 3–4 Eßl. Weizensprossen (siehe Seite 11) oder Weizenkeimflocken
Pro Portion mit Sahne etwa: 2200 kJ/520 kcal 14 g Eiweiß · 24 g Fett · 63 g Kohlenhydrate · 12 g Ballaststoffe

Einweichzeit: 5–12 Stunden, bei Hafer 30 Minuten
Zubereitungszeit: etwa 20 Minuten

- Die Getreidekörner verlesen, mittelgrob bis grob schroten, in eine Schüssel geben und mit so viel Wasser zu einem Brei verrühren, daß das Wasser vollkommen aufgesogen wird. Den Getreidebrei zugedeckt an einem kühlen Platz (bei 5–10°) je nach Getreideart 30 Minuten beziehungsweise 5–12 Stunden quellen lassen.
- Die Nüsse auf einem Brett mit einem großen Messer mittelgrob hacken und unter den Getreidebrei mischen.
- Die Äpfel gründlich warm abwaschen, abtrocknen, mit der Schale auf einer mittelgroben Reibe direkt in die Schüssel oder auf einen Teller reiben, sofort mit dem Zitronensaft beträufeln und unter den Brei rühren. Wer's mag, der kann die Äpfel auch in kleine Stückchen schneiden.
- Die Banane und/oder die anderen Früchte je nach Art waschen beziehungsweise schälen, kleinschneiden und dazugeben.
- Die Rosinen oder Sultaninen und so viel Sahne, Milch, Joghurt, Dickmilch oder Saft darunterrühren, bis das Müsli die gewünschte Konsistenz hat.
- Das Frischkornmüsli in vier Portionsschälchen verteilen. Mit den Leinsamen und den Weizensprossen oder -keimflocken bestreuen.

Tip: Wenn Sie einen Elektrohacker besitzen, dann können Sie die Äpfel und die anderen Früchte darin zusammen zerkleinern.

◁ Bei Vollkorn-Aufläufen sind Ihrer Phantasie kaum Grenzen gesetzt. Dieser Getreide-Gemüse-Auflauf wurde mit Roggen zubereitet. Er schmeckt mit anderen Getreidearten oder anderem Gemüse je nach Saison oder auch mit Pilzen ebenfalls hervorragend. Rezept Seite 66.

Feine Salate und Vorspeisen

Getreide ist die ideale Grundlage für abwechslungsreiche und schmackhafte Salate zum Sattwerden, die Sie als kleine Mahlzeit zwischendurch oder auch auf einem kalten Buffet servieren können. Durch die Kombination mit den verschiedensten frischen Gemüsen oder mit Obst gelingen Ihnen stets reizvolle Gerichte. Getreidesalate lassen sich sehr gut vorbereiten: Man kocht und mariniert das Getreide und läßt es durchziehen. Die frischen Zutaten wie Gemüse, Früchte, Kräuter werden dann kurz vor dem Servieren daruntergemischt. Haben Sie bereits vorgegartes Getreide (siehe Seite 13), geht die Salatzubereitung noch schneller. Die Getreidearten in den folgenden Rezepten sind meist austauschbar, so daß Sie immer wieder neue Salatvarianten zubereiten können. Wenn Sie die Salate als Vorspeise servieren möchten, bereiten Sie einfach nur die halbe Menge zu. Zwei besonders delikate Vorspeisen finden Sie noch am Schluß dieses Kapitels.

Ganz einfach · Für Gäste

Bunter Gerstensalat

Zutaten für 4 Portionen:
120 g Nacktgerste · ½ l Wasser · 250 g grüne Bohnen · 100 g rote oder grüne Paprikaschote · ¼ unbehandelte Salatgurke (100 g) · 10 schwarze Oliven · 2 Tomaten · 50–100 g frische braune Champignons (Egerlinge) · 6 Eßl. kaltgepreßtes Sonnenblumen- oder Olivenöl · 50 g Lauch oder 1 Bund Schnittlauch · 4 Eßl. Pinien- oder Sonnenblumenkerne · 1 Eßl. Zitronensaft, frisch gepreßt · 1–2 Eßl. Obstessig · 1 Teel. Senf · 1 Teel. Tomatenmark · 1 Prise schwarzer Pfeffer, frisch gemahlen · Salz · 1 Knoblauchzehe · 1 kleine Zwiebel · 1 Bund Schnittlauch oder Petersilie

Pro Portion etwa: 1600 kJ/380 kcal
9 g Eiweiß · 25 g Fett · 28 g Kohlenhydrate · 7 g Ballaststoffe

Einweichzeit: 1–3 Stunden oder über Nacht
Gar- und Quellzeit: 45–60 Minuten
Zubereitungszeit für den Salat: etwa 15 Minuten
Zeit zum Durchziehen: 15–30 Minuten

- Die Gerste verlesen, mit dem Wasser in einen kleinen Topf geben und zugedeckt 1–3 Stunden oder über Nacht einweichen.
- Die Gerstenkörner mit dem Einweichwasser zugedeckt 3–4 Minuten kochen. Danach bei schwacher Hitze oder in einer Spar-Gar-Box/Kochkiste in 40–60 Minuten ausquellen lassen.
- Inzwischen die Bohnen waschen, putzen und, falls vorhanden, Fäden abziehen. Die Bohnen in 2 cm lange Stücke schneiden oder brechen und in einem kleinen Topf mit etwa 1 Tasse Wasser in etwa 20 Minuten bißfest kochen.
- Die Paprikaschote gründlich waschen, halbieren, den Stielansatz und die Kerne entfernen. Die Schotenhälften ausspülen, halbieren, in ½ cm breite Streifen schneiden und in eine große Schüssel geben.
- Die Gurke gründlich waschen, in ½ cm große Würfel schneiden und ebenfalls in die Schüssel geben. Die Oliven entkernen, in kleine Stücke schneiden und dazugeben.
- Die Gerste in ein Sieb schütten und abkühlen lassen, dabei die Kochflüssigkeit auffangen und anderweitig verwenden.
- Die Tomaten waschen, halbieren und den Stielansatz herausschneiden. Die Tomatenhälften in kleine Schnitze schneiden und zum Gemüse in die Schüssel geben. Die abgekühlte Gerste hinzufügen.
- Die Pilze wenn nötig kurz unter fließendem Wasser abspülen, putzen, bei größeren Exemplaren die Huthaut abziehen und die Pilze in ½ cm dicke Scheiben schneiden. 2 Eßlöffel Öl in

Feine Salate und Vorspeisen

einer Pfanne erhitzen und die Pilzscheibchen darin bei starker Hitze anbraten, dann die Hitze reduzieren und die Pilze insgesamt 3–4 Minuten braten. Dann zu den anderen Salatzutaten geben.
• Vom Lauch schlechte Blätter und die Wurzeln abschneiden. Die Stange längs halbieren und unter fließendem Wasser gründlich zwischen den einzelnen Blättern waschen. Die Lauchhälften quer in 2 mm breite Streifen schneiden. Oder den Schnittlauch waschen, trockenschütteln und fein schneiden. Zwei Drittel des Lauchs oder Schnittlauchs zu den anderen Zutaten geben.
• Die Pinien- oder Sonnenblumenkerne in einer Pfanne ohne Fettzugabe unter ständigem Bewegen goldbraun rösten. Die Hälfte der Kerne zum Salat geben.
• Für die Marinade den Zitronensaft und den Essig mit dem Senf und dem Tomatenmark verrühren. Mit dem Pfeffer und etwas Salz würzen und 3–4 Eßlöffel Öl darunterrühren. Die Marinade über den Salat gießen und daruntermischen.
• Die Knoblauchzehe und die Zwiebel schälen, abspülen und fein schneiden. Den Schnittlauch oder die Petersilie waschen, trockenschütteln und fein hacken. Alles mit den Bohnen unter den Salat heben. Den Gerstensalat nach Möglichkeit 15–30 Minuten durchziehen lassen.
• Den Salat abschmecken, eventuell nachwürzen. Mit restlichen Kernen sowie Lauch oder Schnittlauch bestreuen.

Tip: Alle Getreidesalate können Sie mit Vitalstoffen anreichern, wenn Sie einen Teil der Körner 2–3 Tage keimen lassen (siehe Seite 11).

Ganz einfach · Für Gäste
Weizensalat mit Käse und Trauben

Für diesen Salat können Sie statt Weizen auch Dinkel, Gerste oder Grünkern verwenden.

Zutaten für 4 Portionen:
100 g Weizen · etwa ¼ l Wasser · Salz ·
150–200 g Appenzeller, Emmentaler oder
Goudakäse · 150 g helle Weintrauben ·
150 g blaue Weintrauben · 1 Apfel oder
1 Birne · 1 Becher Joghurt (150 g) · 1–2 Eßl. Zitronensaft, frisch gepreßt · 1 Eßl. Sahne oder kaltgepreßtes Öl · 100–150 g Sonnenblumen- oder Pinienkerne · 2–3 Eßl. Weizensprossen (siehe Seite 11)
Pro Portion etwa: 2000 kJ/480 kcal
24 g Eiweiß · 27 g Fett · 38 g Kohlenhydrate ·
7 g Ballaststoffe

Einweichzeit: 3–5 Stunden oder über Nacht
Gar- und Quellzeit: 40–60 Minuten
Zubereitungszeit für den Salat: 10–15 Minuten
Zeit zum Durchziehen: 15–20 Minuten

• Den Weizen verlesen. Das Wasser mit 1 Prise Salz darübergießen und das Getreide zugedeckt 3–5 Stunden oder über Nacht einweichen.
• Die Körner mit dem Einweichwasser in einem dichtschließenden Topf zugedeckt etwa 5 Minuten kochen lassen. Danach bei schwacher Hitze oder in einer Spar-Gar-Box/Kochkiste in 20–60 Minuten ausquellen lassen (die Quellzeit richtet sich nach der Einweichzeit).
• Während das Getreide quillt, den Käse in ½ cm kleine Würfel schneiden.
• Die Trauben gründlich waschen, mit einem scharfen Messer halbieren und nach Belieben entkernen. Den Apfel oder die Birne gründlich

Feine Salate und Vorspeisen

warm waschen, abtrocknen, vierteln und vom Kerngehäuse befreien. Die Apfelviertel in dünne Scheibchen oder Stückchen schneiden.
• Die Körner in ein Sieb schütten und abkühlen lassen, dabei die Kochflüssigkeit auffangen und anderweitig verwenden.
• Den Weizen mit dem Obst und den Käsewürfeln in eine Schüssel geben. Den Joghurt mit dem Zitronensaft, 1 Prise Salz und dem Öl verrühren, über die Zutaten gießen und alles mischen.
• Die Sonnenblumen- oder Pinienkerne in einer Pfanne ohne Fettzugabe rösten, bis sie aromatisch duften und leicht gebräunt sind.
• Die Weizensprossen abspülen und mit den Sonnenblumen- oder Pinienkernen bis auf einen kleinen Rest unter den Salat mischen. Den Salat 15–20 Minuten ziehen lassen.
• Den Weizensalat abschmecken, in eine Servierschüssel oder in Portionsschälchen füllen und mit Sprossen und Kernen garnieren.

Ganz einfach · Für Gäste

Grünkernsalat mit Gurke

Diesen Salat können Sie sehr gut zum Abendessen oder bei einem kalten Buffet anbieten. Ihre Familie und Ihre Gäste werden begeistert sein!

Zutaten für 4-6 Portionen:
200 g Grünkern · etwa ½ l Wasser ·
½ Gemüsebrühwürfel · 2-3 Eßl. Obstessig ·
Salz · ½ Teel. Currypulver · 1 Prise schwarzer Pfeffer, frisch gemahlen · 3-4 Eßl. kaltgepreßtes Sonnenblumenöl · 1 kleine Stange Lauch oder 2 Frühlingszwiebeln (100 g) · 1 Bund Radieschen oder 1 roter Rettich · ½ unbehandelte Salatgurke · 1 Zwiebel · 1-2 Knoblauchzehen · 1-2 Bunde Schnittlauch

Bei 4 Portionen pro Portion etwa: 980 kJ/ 230 kcal
7 g Eiweiß · 8 g Fett · 35 g Kohlenhydrate · 6 g Ballaststoffe

Gar- und Quellzeit: etwa 1 Stunde
Zubereitungszeit für den Salat: etwa 20 Minuten
Zeit zum Durchziehen: 1-2 Stunden

• Den Grünkern verlesen und mit dem Wasser sowie dem zerdrückten Gemüsebrühwürfel zugedeckt 4–5 Minuten aufkochen lassen, dann bei ganz schwacher Hitze oder in einer Spar-Gar-Box/Kochkiste in 40–50 Minuten ausquellen lassen. Danach, wenn nötig, noch etwa 10 Minuten ohne Hitze nachquellen lassen.
• Die Körner in eine Schüssel geben und leicht auskühlen lassen. Restliches Kochwasser abschütten und anderweitig verwenden.
• Für die Marinade den Essig mit 1 Prise Salz, dem Currypulver, dem Pfeffer und dem Öl verrühren und über die Körner gießen. Alles gründlich vermischen und mindestens 1 Stunde durchziehen lassen.
• Vom Lauch oder den Frühlingszwiebeln schlechte Blätter und die Wurzeln abschneiden. Die Lauchstange längs halbieren und unter fließendem Wasser gründlich zwischen den einzelnen Blättern waschen. Oder die Frühlingszwiebeln gründlich waschen. Die Stangen quer in 2 mm breite Streifen schneiden.
• Die Radieschen oder den Rettich gründlich waschen, notfalls bürsten und in 2-3 mm dicke Scheibchen schneiden. Die Gurke ebenfalls gründlich waschen und in ½ cm große Würfel schneiden. Das Gemüse zum Grünkern geben und daruntermischen.
• Die Zwiebel und die Knoblauchzehe schälen, abspülen und sehr fein würfeln oder den Knoblauch durchpressen. Beides unter den Salat mischen, abschmecken und wenn nötig mit Essig und Salz nachwürzen.

Feine Salate und Vorspeisen

- Den Schnittlauch abspülen, trockenschütteln und kleinschneiden. Eine Hälfte unter den Salat mischen, die andere Hälfte zum Schluß darüberstreuen.

Das paßt dazu: verschiedene Blattsalate und Kresse, Beigaben, die zu allen Getreidesalaten serviert werden können.

Einfach abzuwandeln · Für Gäste

Hafersalat mit Schafkäse
Bild Umschlag-Vorderseite

Dieser Salat schmeckt auch gut mit Reis, Buchweizen oder Grünkern.

Zutaten für 4 Portionen:
180 g Nackthafer · etwa 400 ccm Wasser ·
Salz · je 1 rote, grüne und gelbe
Paprikaschote · 1 Zwiebel · 1 Knoblauchzehe ·
3–4 Tomaten · 2–3 Eßl. Obstessig ·
Streuwürze · 1 Prise weißer Pfeffer, frisch
gemahlen · 1–2 Eßl. kaltgepreßtes Oliven- oder
Sonnenblumenöl · 100–200 g Schafkäse ·
1 Teel. Thymian oder Basilikum, frisch gehackt ·
eventuell einige Blättchen Thymian oder Basilikum
Pro Portion etwa: 1200 kJ/290 kcal
11 g Eiweiß · 11 g Fett · 33 g Kohlenhydrate ·
6 g Ballaststoffe

Einweichzeit: 1–2 Stunden
Gar- und Quellzeit: 20–30 Minuten
Zubereitungszeit für den Salat: etwa 15 Minuten
Zeit zum Durchziehen: 15–20 Minuten

- Die Körner verlesen, mit dem Wasser in einen kleinen Topf geben und zugedeckt 1–2 Stunden einweichen.
- Den Hafer mit dem Einweichwasser zugedeckt 3–4 Minuten kochen. Danach bei schwacher Hitze oder in einer Spar-Gar-Box/Kochkiste in etwa 30 Minuten ausquellen lassen.
- Den Hafer in ein Sieb schütten und abkühlen lassen, dabei die Kochflüssigkeit auffangen und anderweitig verwenden.
- Die Paprikaschoten gründlich waschen, vierteln, den Stielansatz und die Kerne entfernen und die Schoten mit Wasser ausspülen. Die Viertel in 3–4 mm breite Streifen schneiden und in eine Schüssel geben.
- Die Zwiebel und die Knoblauchzehe schälen, abspülen, halbieren, fein schneiden und zu den Paprikastreifen geben.
- Die Tomaten waschen, halbieren und den Stielansatz herausschneiden. Die Hälften in feine Scheiben schneiden. Die Tomatenscheiben sowie den abgekühlten Hafer unter die Zutaten in der Schüssel mischen; nach Belieben einige Tomatenscheiben zum Garnieren beiseite legen.
- Für die Marinade den Essig mit etwas Salz, Streuwürze, dem Pfeffer und dem Öl verrühren, über die Zutaten gießen und alles vermengen.
- Den Schafkäse in kleine Würfel schneiden und ebenfalls unter den Salat mischen, desgleichen den Thymian oder das Basilikum bis auf einen kleinen Rest. Den Salat mindestens 15 Minuten durchziehen lassen.
- Den Salat abschmecken, eventuell nachwürzen und mit den restlichen Kräutern bestreut servieren.

Das paßt dazu: grüner Blattsalat, zum Beispiel Eichblatt- oder Feldsalat

Tip: Getreidesalate sollten gut durchziehen. Wenn Sie genügend Zeit haben, können Sie die gekochten Körner zuerst mit der Marinade verrühren und bis zu einigen Stunden ziehen lassen. Die frischen Zutaten werden dann erst kurz vor dem Servieren daruntergemischt.

Feine Salate und Vorspeisen

Braucht etwas Zeit · Glutenfrei

Mais-Bohnen-Salat mit Buchweizen

Wenn Sie die Bohnen vorher kochen oder Dosenbohnen verwenden, können Sie diesen herzhaften Salat schneller zu Tisch bringen.

Zutaten für 4 Portionen:
160 g getrocknete rote Bohnenkerne oder 300 g rote Bohnen aus der Dose · 200 g Buchweizen · ¼ l Wasser · 2 Zuckermaiskolben oder 300 g Maiskörner aus der Dose · 300 g grüne Bohnen · 250 g frische braune Champignons (Egerlinge) · 2 gehäufte Eßl. Butter (40 g) · 200 g rote Paprikaschote oder Tomaten · 1 Bund Lauchzwiebeln oder 2 Bund Schnittlauch · eventuell 10 schwarze Oliven Für die Marinade: 2–3 Eßl. Balsamessig oder Obstessig · 2 Teel. Senf · Salz · Pfeffer, frisch gemahlen · 2–3 Eßl. kaltgepreßtes Sonnenblumenöl
Pro Portion etwa: 2800 kJ/670 kcal
25 g Eiweiß · 12 g Fett · 110 g Kohlenhydrate · 22 g Ballaststoffe

Einweichzeit: 12 Stunden (über Nacht)
Garzeit für die Bohnen: 1½ Stunden
Zubereitungszeit für den Salat: etwa 1 Stunde

- Die getrockneten roten Bohnen in etwa 2 l möglichst kalkfreiem kaltem Wasser (abgekocht oder gefiltert) über Nacht einweichen.
- Den Buchweizen verlesen und mit dem kalten Wasser etwa 30 Minuten einweichen.
- Die roten Bohnenkerne mit dem Einweichwasser zugedeckt bei schwacher Hitze in etwa 1½ Stunden weich kochen.
- Inzwischen die Maiskolben von den Blättern befreien. Die Kolben senkrecht in eine flache Schale stellen und mit einem Messer die Körner vom Kolben abschneiden.
- Die grünen Bohnen putzen, falls nötig von Fäden befreien und in 3 cm lange Stücke brechen oder schneiden.

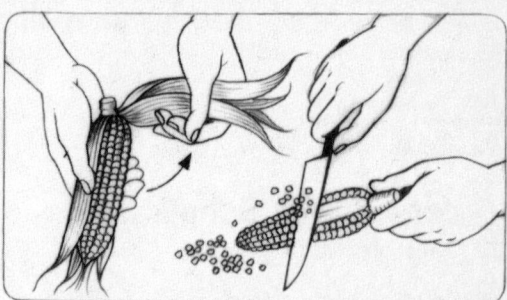

Vom Gemüsemaiskolben werden die Blätter entfernt. Dann stellen Sie den Kolben schräg auf die Arbeitsfläche und lösen die Körner mit einem Messer ab.

- Die Maiskörner und die grünen Bohnen mit etwa 1 Tasse Wasser in einem dichtschließenden Topf 15–20 Minuten garen. Dann mit dem Kochsud in eine Salatschüssel geben.
- Den Buchweizen in ein Sieb abgießen, gut abtropfen und trocknen lassen.
- Die Pilze putzen, wenn nötig kurz abspülen, abtropfen lassen und in ½ cm dicke Scheiben schneiden. In einer Pfanne die Hälfte der Butter aufschäumen lassen. Die Pilze darin 2–3 Minuten anbraten. Dann in die Schüssel geben.
- Die restliche Butter in die Pfanne geben. Den Buchweizen hineingeben und unter Rühren etwa 5 Minuten braten. Den Buchweizen ebenfalls in die Schüssel geben.
- Für die Marinade den Essig, den Senf, je 1 Prise Salz und Pfeffer sowie das Öl in einer Tasse verrühren. Über die Salatzutaten gießen.
- Die Paprikaschote gründlich waschen, halbieren, den Stielansatz und die Kerne entfernen. Die Schotenhälften in kleine Stückchen oder in

Feine Salate und Vorspeisen

Streifen schneiden und unter den Salat mischen. Oder die Tomaten waschen, halbieren, den Stielansatz herausschneiden, die Tomatenhälften in kleine Schnitze schneiden und zum Salat geben.
- Die Lauchzwiebeln gründlich waschen, die Wurzeln abschneiden und die Zwiebeln in feine Ringe schneiden. Oder den Schnittlauch waschen, trockenschütteln und kleinschneiden. Die Lauchzwiebeln oder den Schnittlauch in die Schüssel geben. Nach Belieben die Oliven vom Kern schneiden und daruntermischen.
- Die roten Bohnenkerne in ein Sieb abgießen. (Das Kochwasser auffangen und anderweitig verwenden.) Das Sieb mit den Bohnen kurz in eine Schüssel mit kaltem Wasser tauchen, um sie abzukühlen. Die Bohnen unter den Salat mischen, abschmecken, wenn nötig nachwürzen.

Ganz einfach · Raffiniert · Für Gäste

Dinkelremoulade

Diese Remouladenvariante paßt gut auf eine Salatplatte oder auch zu Pellkartoffeln.

Zutaten für 4 Portionen:
40 g Dinkel · ¼ l Wasser · Salz · 1 Schalotte · 1 Bund Schnittlauch · 100 g unbehandelte Salatgurke oder Gewürzgurke · 3–4 grüne Oliven · 1 Avocado oder 2 hartgekochte Eier · 2 Teel. Zitronensaft, frisch gepreßt · 2 Eßl. saure Sahne · 2 Teel. kaltgepreßtes Sonnenblumenöl · 6–8 Eßl. Dinkelkochwasser · 1 Prise weißer Pfeffer, frisch gemahlen · Salz · Streuwürze · 2 Eßl. Pinienkerne · 1 Eßl. Kresse oder Luzernensprossen (siehe Seite 11)
Pro Portion etwa: 960 kJ/230 kcal
4 g Eiweiß · 19 g Fett · 10 g Kohlenhydrate · 4 g Ballaststoffe

Einweichzeit: 2–3 Stunden
Gar- und Quellzeit: 20 Minuten
Zubereitungszeit für die Remoulade: etwa 30 Minuten
Zeit zum Durchziehen: 15–30 Minuten

- Den Dinkel verlesen, mit dem Wasser in einen kleinen Topf geben und zugedeckt 2–3 Stunden einweichen. Danach die Körner mit 1 Prise Salz 2–3 Minuten aufkochen lassen, anschließend zugedeckt bei schwacher Hitze oder in einer Spar-Gar-Box/Kochkiste etwa 20 Minuten ausquellen lassen.
- Inzwischen die Schalotte schälen, abspülen, halbieren und fein schneiden. Den Schnittlauch waschen, trockenschütteln und ebenfalls fein schneiden.
- Die Salatgurke gründlich waschen und fein würfeln oder mittelgrob raspeln. Oder die saure Gurke in kleine Würfel schneiden. Die Oliven entkernen und fein schneiden. Alle vorbereiteten Zutaten in eine Schüssel geben.
- Die Avocado mit einem scharfen Messer halbieren und die Hälften vom Kern drehen. Mit einem kleinen Löffel das Fruchtfleisch herauslösen und kleinschneiden. Oder die Eier schälen und feinhacken. In die Schüssel geben.
- Den Dinkel in ein Sieb abgießen und das Kochwasser auffangen. Den Dinkel zu den anderen Zutaten in die Schüssel geben.
- Den Zitronensaft, die saure Sahne, das Öl und so viel Kochwasser hineinrühren, daß eine Remoulade von relativ flüssiger Konsistenz entsteht. Mit dem Pfeffer, Salz und Streuwürze abschmecken.
- Die Pinienkerne in einer Pfanne ohne Fettzugabe unter ständigem Schütteln leicht anrösten und unter die Remoulade mischen. Die Dinkelremoulade mindestens 15 Minuten durchziehen lassen.
- Die Kresse oder die Sprossen abspülen und darüberstreuen.

Feine Salate und Vorspeisen

Ganz einfach · Für Gäste

Gemüseterrine
Bild Seite 17

Servieren Sie diese Terrine kalt aufgeschnitten als Vorspeise, garniert mit frischen Salaten, oder auf einem kalten Buffet. Sie schmeckt aber auch warm sehr gut und reicht als Mahlzeit für 4–6 Personen.

Zutaten für 1 Kastenform von 25 cm Länge:
250 g Broccoli · 2 Eier · 50–100 g Sahne · Salz · ½ Teel. Currypulver · 1 Prise Muskatnuß, frisch gerieben · 150 g Gerste, fein gemahlen · 3–4 Eßl. Hefeflocken · 1 mittelgroße Zwiebel · 200 g Möhren · etwa ¼ l Wasser · 100 g Emmentaler Käse, frisch gerieben · 1 Bund Schnittlauch oder Petersilie
Für die Form: Backtrennpapier oder Pergamentpapier und Butter
Bei 4 Portionen pro Portion etwa: 1525 kJ/ 375 kcal
21 g Eiweiß · 16 g Fett · 35 g Kohlenhydrate · 5 g Ballaststoffe

Vorbereitungszeit: etwa 50 Minuten
Backzeit: 40–45 Minuten

- Den Broccoli in Salz- oder Biosmonwasser legen, um eventuell vorhandenes Ungeziefer zu entfernen.
- Die Eier, die Sahne, etwas Salz, das Currypulver, die Muskatnuß, das Gerstenmehl und die Hefeflocken zu einem Teig verrühren. Er soll relativ fest sein, da er durch den Saft der Gemüse später noch geschmeidiger wird. Den Teig etwa 20 Minuten quellen lassen.
- Inzwischen die Zwiebel schälen, abspülen und vierteln. Die Möhren waschen und schaben oder dünn schälen. 1 nicht zu dicke Möhre längs achteln und beiseite legen. Die restlichen Möhren in etwa 2 cm große Stücke schneiden.
- Den Broccoli gründlich waschen. Den Strunk von holzigen Teilen befreien. 4–5 kleine Röschen abschneiden und beiseite legen. Den restlichen Broccoli in etwa 3 cm große Stücke schneiden.
- In einem kleinen Topf das Wasser mit 1 Prise Salz zum Kochen bringen. Die Broccoliröschen und die Möhrenstreifen etwa 2 Minuten darin blanchieren. Dann mit dem Schaumlöffel herausheben und abkühlen lassen.
- Den Käse in kleine Würfel schneiden. Den Schnittlauch oder die Petersilie waschen, trockenschütteln und grob zerschneiden.
- Den Käse, den Schnittlauch oder die Petersilie, die rohen Möhren- und Broccolistücke zusammen mit dem Elektrohacker oder einem Mixstab fein zerkleinern und sofort unter den Teig rühren. Die Mischung abschmecken.
- Den Backofen auf 200° vorheizen (Gas Stufe 2½–3).
- Eine Kastenform so mit Backtrennpapier oder mit gefettetem Pergamentpapier auslegen, daß auf beiden Längsseiten jeweils 10 cm Papier überstehen. Die Querseitenflächen auch mit Papier belegen oder sehr gut fetten.
- Einen Teil des Gemüseteigs auf den Boden der Form füllen. 4 Möhrenstreifen darauflegen. Weiteren Teig einfüllen und die Broccoliröschen in die Mitte setzen. Wieder Teig einfüllen. Die restlichen Möhrenstreifen hineinlegen und den restlichen Teig darüberstreichen. Das überstehende Papier darüberklappen und leicht andrücken.
- Die Terrine auf die mittlere Schiene in den Backofen stellen und 40–45 Minuten backen.
- Die gebackene Terrine in der Form etwas auskühlen lassen. Dann an den Papierenden herausheben oder stürzen und völlig abkühlen lassen. Das Papier abziehen und die Gemüseterrine in Scheiben schneiden.

Suppen, leicht oder deftig

Getreide ist die ideale Basis für Suppen, sei es als ganzes Korn, geschrotet oder gequetscht als Flocken. Getreidesuppen können je nach verwendetem Getreide und Zubereitungsart deftig oder auch fein und mild schmecken. Sie sättigen gut und reichen zusammen mit einem frischen Salat als kleine Mahlzeit aus. In diesem Kapitel finden Sie neue feine Ideen für Suppen. Mit den Tips und etwas Phantasie ergeben sich noch viel mehr Variationsmöglichkeiten.

Ganz einfach · Schnell

Dinkelcremesuppe mit Gemüse

Dieses Rezept hat sozusagen seinen Ursprung im Mittelalter, denn schon damals hatte die Hl. Hildegard von Bingen den ganz besonderen Nährwert des Dinkels erkannt.

Zutaten für 4 Portionen:
1 Bund Suppengrün (Zwiebel, Möhre, Lauch, Sellerie) · 60 g Dinkel oder Weizen, mittelfein (grießartig) gemahlen · 1 l Wasser · 2 Gemüsebrühwürfel · Salz · 1 Prise Muskatnuß, frisch gerieben · 50 g Sahne und/oder 1 gehäufter Eßl. Butter (20 g) · eventuell 1 Ei · 2-3 Eßl. Schnittlauch oder Petersilie, frisch kleingeschnitten
Pro Portion etwa: 630 kJ/150 kcal
4 g Eiweiß · 10 g Fett · 11 g Kohlenhydrate · 2 g Ballaststoffe

Vorbereitungszeit: etwa 15 Minuten
Garzeit: 7-10 Minuten

● Das Suppengrün putzen, waschen und sehr fein schneiden oder im Elektrohacker oder mit dem Mixstab fein zerkleinern.
● In einem großen Topf das Dinkel- oder Weizenmehl unter ständigem Bewegen 2-3 Minuten ohne Fett rösten, bis es würzig duftet.
● Das Suppengrün dazugeben. Mit dem Wasser aufgießen. Die Gemüsebrühwürfel, 1 Prise Salz und die Muskatnuß dazugeben. Alles gründlich verrühren und zugedeckt 7-10 Minuten kochen lassen; gelegentlich umrühren.
● Den Topf von der Kochstelle nehmen. Die Sahne und/oder die Butter und nach Belieben das Ei hineinrühren und die Suppe abschmecken. Mit dem Schnittlauch oder der Petersilie bestreuen.

Tip: Sie können den Geschmack durch das Rösten beeinflussen. Wird das Getreide kurz geröstet, schmeckt die Suppe mild und fein, wird es länger geröstet, dann schmeckt sie kräftiger.

Preiswert · Ganz einfach

Herzhafte Grünkernsuppe

Dies ist eine unserer Lieblingssuppen, weil sie gut schmeckt und schnell zubereitet ist.

Zutaten für 4 Portionen:
100 g Grünkern, mittelgrob geschrotet · 1¼ l Wasser · 1 kleine Zwiebel · 1 Möhre · 1 kleine Stange Lauch (100 g) · 1 Stück Knollensellerie (50 g) · 2-3 Gemüsebrühwürfel · Salz · Pfeffer, frisch gemahlen · Streuwürze · 1 gehäufter Eßl. Butter (20 g) · 1 Bund Schnittlauch oder Petersilie
Pro Portion etwa: 590 kJ/140 kcal
5 g Eiweiß · 6 g Fett · 19 g Kohlenhydrate · 5 g Ballaststoffe

Vorbereitungszeit: etwa 15 Minuten
Garzeit: etwa 10 Minuten

Suppen, leicht oder deftig

- Den Grünkernschrot in einem ausreichend großen Topf ohne Fett unter ständigem Bewegen rösten, bis er würzig duftet.
- Das Wasser aufgießen und umrühren. Den Herd zurückschalten und den Grünkern bei mittlerer Hitze leicht kochen lassen; dabei gelegentlich umrühren.
- Inzwischen die Zwiebel schälen, abspülen, halbieren und fein würfeln. Die Möhre waschen und schaben oder dünn schälen und in 2–3 mm dicke Scheiben schneiden. Das Selleriestück schälen, abspülen und fein würfeln. Die Gemüse nach dem Zerkleinern jeweils sofort in die Suppe rühren und mitkochen lassen.
- Von der Lauchstange schlechte Blätter und die Wurzeln abschneiden. Den Lauch längs halbieren und unter fließendem Wasser gründlich zwischen den einzelnen Blättern waschen. Den Lauch quer in 2–3 mm breite Streifen schneiden und in die kochende Suppe rühren.
- Die Suppe noch etwa 5 Minuten kochen lassen, bis die Möhren- und Selleriestücke weich genug sind. Dabei die zerdrückten Gemüsebrühwürfel, etwas Salz, Pfeffer und Streuwürze hinzufügen und die Suppe abschmecken.
- Den Topf vom Herd nehmen. Den Schnittlauch oder die Petersilie waschen, trockenschütteln und fein hacken. Die Butter in die Grünkernsuppe rühren und zum Schluß den Schnittlauch oder die Petersilie darüberstreuen.

Variante: Diese Suppe können Sie auch mit anderen Gemüsesorten zubereiten.

Variante: Grünkerncremesuppe mit Croutons
Die Suppe mit 2–3 Eßlöffeln Weißwein, falls erwünscht, sowie mit 50 g Sahne und beliebigen gehackten Kräutern verfeinern. 4 Scheiben Vollkorntoastbrot mit einer angeschnittenen Knoblauchzehe einreiben und die Scheiben in einer Pfanne mit etwas Butter rösten. Die Brotscheiben vierteln und auf die Suppe legen.

Raffiniert · Für Gäste

Gemüsebrühe mit Dinkelklößchen

Bild Umschlag-Vorderseite

Zutaten für 4–6 Portionen:
40 g Sonnenblumenkerne oder Haselnußkerne · 80 g Dinkel, fein gemahlen ·
50 g Knollensellerie · 2 gehäufte Eßl. weiche Butter (40 g) · 1 Ei · Salz · 1 Prise Muskatnuß, frisch gerieben · 2 Eßl. Petersilie oder Schnittlauch, frisch gehackt · 1 mittelgroße Möhre (100 g) · 1½ l Gemüsebrühe
Bei 4 Portionen pro Portion etwa: 960 kJ/ 230 kcal
8 g Eiweiß · 15 g Fett · 15 g Kohlenhydrate · 4 g Ballaststoffe

Vorbereitungszeit: etwa 30 Minuten
Garzeit: etwa 10 Minuten

- Die Sonnenblumenkerne in einer Pfanne ohne Fettzugabe goldbraun rösten; dann aus der Pfanne nehmen und beiseite stellen.
- Das Dinkelmehl in die Pfanne geben und ebenfalls unter ständigem Bewegen 2–3 Minuten rösten, bis es würzig duftet.
- Das Selleriestück waschen, schälen und in kleine Stücke schneiden. Die Stücke zusammen mit den Sonnenblumenkernen mit einem Elektrohacker oder einem Mixstab fein zerkleinern.
- Das Dinkelmehl, die Butter, das Ei, 1 Prise Salz und die Muskatnuß mit einer Gabel in die Selleriemasse einarbeiten. Die Kräuter bis auf einen kleinen Rest hineinrühren. Die Masse abschmecken, dann 15 Minuten kühl stellen.
- Inzwischen die Möhre waschen, schaben oder dünn schälen und in 3 mm dicke Scheiben schneiden.
- Die Gemüsebrühe mit den Möhrenscheiben

Suppen, leicht oder deftig

zum Kochen bringen. Aus der Teigmasse mit angefeuchteten Fingern oder kleinen Löffeln Klößchen von 1–2 cm Durchmesser formen. Diese in die siedende Brühe geben; den Herd zurückschalten und die Klößchen bei schwacher Hitze etwa 10 Minuten ziehen lassen.
• Den Topf vom Herd nehmen und die restlichen Kräuter in die Suppe streuen.

Tip: Die Klößchen passen auch zu Gemüse.

Einfach abzuwandeln · Glutenfrei

Reiscremesuppe mit Tomaten oder Möhren

Zutaten für 4 Portionen:
300–400 g Tomaten oder Möhren · 2 gehäufte Eßl. Butter (40 g) · 40 g Naturreis, fein gemahlen · 1 l Wasser · 1 Gemüsebrühwürfel · Salz · Streuwürze · Muskatnuß, frisch gerieben · 50 g Sahne · 4 Eßl. beliebige frische Sprossen (siehe Seite 11) oder Petersilie oder Basilikum, frisch gehackt
Pro Portion etwa: 690 kJ/160 kcal
3 g Eiweiß · 13 g Fett · 10 g Kohlenhydrate · 2 g Ballaststoffe

Vorbereitungszeit: etwa 25 Minuten
Garzeit: etwa 10 Minuten

• Die Tomaten am runden Ende kreuzweise einritzen, mit kochendem Wasser überbrühen und kurz darin ziehen lassen. Die Tomaten herausnehmen, leicht abkühlen lassen und dabei die Haut abziehen. Die Tomaten würfeln, dabei die Stielansätze herausschneiden. Oder die Möhren gründlich waschen, schaben oder dünn schälen und mittelgrob raspeln oder ganz feine Stifte schneiden.

• In einem Topf die Butter aufschäumen lassen. Die Tomatenwürfel oder die Möhrenraspel oder -stifte hineingeben und 2–3 Minuten andünsten.
• Das Reismehl hineinrühren und das Wasser dazugießen. Die Suppe bei schwacher Hitze unter gelegentlichem Umrühren etwa 10 Minuten kochen lassen.
• Die Suppe mit dem zerdrückten Brühwürfel, etwas Salz, Streuwürze und Muskatnuß würzen, abschmecken und mit einem Mixstab pürieren.
• Die Reiscremesuppe in Teller verteilen. Die Sahne kreisförmig einlaufen lassen. Die Sprossen oder die Kräuter daraufstreuen.

Varianten: Diese Suppe schmeckt auch sehr fein mit Spargel, Champignons, Blumenkohl, Broccoli, Lauch oder Zucchini.

Preiswert · Schnell

Roggencremesuppe mit Kresse

Eine rustikale Suppe, für die sich auch gut Quark-, Joghurt- oder Sahnereste gemischt verwenden lassen. Wenn Sie gerade beim Brotbakken sind, sollten Sie für die leichte Säuerung der Suppe vom Sauerteigansatz nehmen.

Zutaten für 4 Portionen:
80 g Roggen · 3 Teel. Kümmel · 3–4 Eßl. kaltgepreßtes Sonnenblumenöl · 1 l Wasser · 2 Gemüsebrühwürfel · 100 g saure Sahne oder Quark oder Joghurt oder 50 g Sauerteig · 1 Kästchen Kresse · 1 gehäufter Eßl. Butter (20 g) · Salz
Pro Portion etwa: 750 kJ/180 kcal
4 g Eiweiß · 13 g Fett · 12 g Kohlenhydrate · 3 g Ballaststoffe

Suppen, leicht oder deftig

Vorbereitungszeit: etwa 15 Minuten
Garzeit: etwa 15 Minuten

- Den Roggen mit dem Kümmel fein mahlen.
- Den Schrot mit dem Öl in einen großen Topf geben, unter Rühren leicht anrösten, dann mit dem Wasser aufgießen. Die zerdrückten Gemüsebrühwürfel hineinrühren und die Suppe etwa 10 Minuten bei schwacher Hitze kochen lassen; dabei ab und zu umrühren.
- Die saure Sahne, den Quark, den Joghurt oder den Sauerteig hineinrühren und die Cremesuppe noch etwa 5 Minuten kochen lassen.
- Die Kresse im Kästchen kurz kalt abspülen, dabei das Kästchen schräg halten. Die Kresse mit der Schere abschneiden.
- Die Roggencremesuppe mit der Butter verfeinern, mit Salz abschmecken, in Teller füllen und mit der Kresse bestreuen.

Raffiniert · Glutenfrei

Exotische Reis-Linsen-Suppe

Zimt, Nelken und Kardamom geben dieser Linsensuppe eine ganz besondere Note.

Zutaten für 4 Portionen:
150 g Linsen · 2 Zwiebeln · 2 Knoblauchzehen · 2–3 Eßl. kaltgepreßtes Oliven- oder Sonnenblumenöl · 1¼ l abgekochtes oder entkalktes Wasser · 2 Nelken ·
3–4 Korianderkörner · ¼ Teel. Zimtpulver ·
2 Möhren · 60 g Naturreis, fein gemahlen ·
2 Teel. gekörnte Gemüsebrühe · Salz · Pfeffer, frisch gemahlen · 1 Kiwi · 4 Eßl. Luzernen- oder Weizensprossen (siehe Seite 11) oder Kresse
Pro Portion etwa: 1000 kJ/240 kcal
12 g Eiweiß · 6 g Fett · 38 g Kohlenhydrate ·
8 g Ballaststoffe

Vorbereitungszeit: etwa 15 Minuten
Garzeit: etwa 40 Minuten

- Die Linsen verlesen und in stehendem Wasser waschen, damit oben schwimmende Hülsen entfernt werden können. Die Linsen in einem Sieb abtropfen lassen.
- Die Zwiebeln und die Knoblauchzehen schälen, abspülen, halbieren und fein würfeln.
- Das Öl in einem großen Topf erhitzen und die Zwiebeln mit dem Knoblauch darin leicht anbräunen. Die Linsen und das Wasser dazugeben und das Ganze zugedeckt zum Kochen bringen.
- Die Nelken und die Korianderkörner in einem Mörser oder auf einem Brett fein zerstoßen, mit dem Zimtpulver mischen und zur Suppe geben. Alles zugedeckt bei mittlerer Hitze etwa 25 Minuten kochen lassen.
- Inzwischen die Möhren waschen, schaben oder dünn schälen, in 3 mm dicke Scheiben schneiden oder hobeln und in den Topf geben.
- Das Reismehl in etwas kaltem Wasser anrühren, dann in die kochende Suppe einrühren. Noch etwa 10 Minuten kochen lassen, dabei gelegentlich umrühren.
- Die Suppe mit der gekörnten Gemüsebrühe, dem Salz und dem Pfeffer abschmecken.
- Die Kiwi dünn schälen und in 8 dünne Scheiben schneiden. Die Sprossen oder die Kresse abspülen und abtropfen lassen.
- Die Suppe in die Teller füllen und mit je 2 Kiwischeiben sowie den Sprossen oder der Kresse garnieren.

Tip: Wenn Sie die Linsen 1–2 Stunden vorher in der angegebenen Wassermenge einweichen, verkürzt sich die Garzeit auf etwa 30 Minuten.

Suppen, leicht oder deftig

Preiswert · Einfach abzuwandeln

Bündner Gerstensuppe

Eine klassische Suppe, die Sie aber mit anderem Getreide und Gemüse abwandeln können.

Zutaten für 4 Portionen:
80 g Nacktgerste · 1½ l Wasser · 1 Möhre ·
1 Stück Knollensellerie (100 g) · 1 kleine Stange Lauch (100 g) · 2–3 Teel. gekörnte Gemüsebrühe · Salz · Muskatnuß, frisch gerieben ·
25 g Butter oder Sahne · 2–3 Eßl. beliebige Kräuter, frisch gehackt
Pro Portion etwa: 540 kJ/130 kcal
4 g Eiweiß · 6 g Fett · 15 g Kohlenhydrate ·
5 g Ballaststoffe

Einweichzeit: 3–4 Stunden oder über Nacht
Vorbereitungszeit: etwa 15 Minuten
Garzeit: etwa 35 Minuten

● Die Gerste verlesen, in einem Sieb kalt abspülen und in ½ l Wasser einige Stunden oder über Nacht einweichen.
● Die Gerste mit dem Einweichwasser in einen Topf schütten. Das restliche Wasser dazugießen. Die Gerste zum Kochen bringen und bei mittlerer Hitze leicht köcheln lassen.
● Die Möhre waschen, schaben oder dünn abschälen und in ½ cm große Würfel schneiden. Das Selleriestück waschen, schälen und ebenfalls fein würfeln. Beides in die Suppe geben und noch etwa 20 Minuten mitkochen lassen.
● Vom Lauch schlechte Blätter und die Wurzeln abschneiden. Die Lauchstange längs halbieren und unter fließendem Wasser gründlich zwischen den Blättern waschen. Den Lauch in ½ cm breite Streifen schneiden, in die Suppe rühren und 5–10 Minuten mitkochen lassen.
● Wenn die Gerstenkörner weich genug sind, den Topf vom Herd nehmen. Die gekörnte Gemüsebrühe in die Suppe rühren. Mit Salz und Muskatnuß abschmecken. Die Butter oder die Sahne daruntermischen und die Kräuter über die Gerstensuppe streuen.

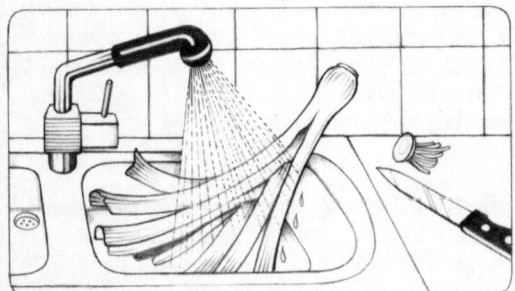

Schneiden Sie Lauchstangen vor dem Waschen der Länge nach ein und spülen Sie Sand und Erde unter fließendem Wasser gründlich heraus.

Schnell · Preiswert · Glutenfrei

Hirsesuppe mit Frühlingsgemüse

Auch mit Amaranth oder Quinoa statt mit Hirse schmeckt diese schnelle Suppe hervorragend.

Zutaten für 4 Portionen:
80 g Hirse · 2 gehäufte Eßl. Butter (40 g) ·
1–1¼ l Wasser · 2 Gemüsebrühwürfel · Salz ·
1 Prise Currypulver · 1 Kohlrabi · 1 Möhre ·
50 g frische oder tiefgefrorene Erbsen ·
50 g Sahne · 1 Bund Schnittlauch
Pro Portion etwa: 890 kJ/210 kcal
5 g Eiweiß · 13 g Fett · 19 g Kohlenhydrate ·
4 g Ballaststoffe

Vorbereitungszeit: etwa 10 Minuten
Garzeit: etwa 20 Minuten

Suppen, leicht oder deftig

- Die Hirse verlesen und in einem Sieb heiß abspülen.
- Die Hälfte der Butter in einem großen Topf erhitzen und die Hirse darin unter Rühren leicht anrösten.
- Das Wasser darangießen. Die zerdrückten Brühwürfel, etwas Salz und etwas Currypulver hineinrühren. Den Deckel auflegen und die Suppe bei mittlerer Hitze leicht kochen lassen.
- Inzwischen vom Kohlrabi die Blätter abschneiden. Die Herzblättchen beiseite legen. Die Knolle waschen, dünn schälen, in ½ cm große Würfel schneiden und zur Suppe geben.
- Die Möhre waschen und schaben oder dünn schälen, in 3–5 mm dicke Scheiben schneiden oder hobeln und ebenfalls zur Suppe geben. Alles noch etwa 7 Minuten kochen lassen.
- Wenn die Hirsekörner fast ganz aufgequollen sind, die Erbsen hinzufügen und noch 2–3 Minuten mitkochen lassen. Falls inzwischen zuviel Flüssigkeit verdampft sein sollte, noch etwas Wasser oder Gemüsebrühe angießen.
- Den Topf vom Herd nehmen und die Hirsesuppe abschmecken. Die restliche Butter und die Sahne hinzufügen.
- Den Schnittlauch abspülen, trockenschütteln, fein schneiden und in die Suppe rühren. Die Kohlrabiherzblättchen abspülen, trockenschütteln, fein schneiden und zum Schluß über die Hirsesuppe streuen.

Preiswert · Ganz einfach

Hafer-Brennessel-Suppe

Diese Suppe schmeckt auch sehr fein mit Kresse, Lauch, Pilzen oder gemischtem Gemüse. Verwenden Sie nur junge Brennesselpflanzen, die noch nicht blühen, und pflücken Sie nur die Spitzen.

Zutaten für 4 Portionen:
250–300 g Brennesselblätter, ersatzweise Sauerampfer oder Spinat · 1–1½ Eßl. Butter (20–30 g) · 50–60 g Nackthafer, mittelgrob geschrotet, ersatzweise Vollkornschmelzflocken · 1 l Gemüsebrühe aus Würfeln · ½ Bund Petersilie · Salz · Muskatnuß, frisch gerieben · 50–100 g Sahne · eventuell 1–2 Eßl. Hartkäse, frisch gerieben · 2–3 Eßl. Kresse oder Luzernensprossen (siehe Seite 11)
Pro Portion etwa: 610 kJ/150 kcal
5 g Eiweiß · 10 g Fett · 10 g Kohlenhydrate · 3 g Ballaststoffe

Zubereitungszeit: etwa 30 Minuten

- Die Brennessel- oder Sauerampfer- oder Spinatblätter waschen und auf einem großen Brett fein schneiden.
- Die Butter in einem großen Topf aufschäumen lassen. Die geschnittenen Blätter darin kurz andünsten.
- Den Haferschrot oder die Flocken hineinstreuen. Mit der Gemüsebrühe aufgießen und umrühren. Die Suppe bei mittlerer Hitze 5–7 Minuten unter gelegentlichem Umrühren kochen lassen.
- Die Petersilie waschen, trockenschütteln und fein hacken.
- Die Suppe vom Herd nehmen, mit Salz und Muskatnuß abschmecken. Die Petersilie, die Sahne und nach Belieben den Käse hineinrühren. Die Kresse oder die Sprossen darüberstreuen.

Tip: Sie können die Suppe nach Wunsch auch nach dem Garen noch mit dem Pürierstab pürieren. Wenn Sie die Suppe vor Zugabe der Sahne in die Suppenteller verteilen und die Sahne dann kreisförmig eingießen, sieht das besonders dekorativ aus.

Herzhaftes aus einem Topf

Eintöpfe mit Getreide machen wenig Arbeit. Sie sind ideale Mahlzeiten, wenn Sie mal nicht viel Zeit zum Kochen haben. Ich stelle Ihnen in diesem Kapitel bekannte und neue Varianten mit Getreide, Gemüse und Hülsenfrüchten vor. Probieren Sie und entdecken Sie Ihren Lieblingseintopf.
Ein erfrischender Rohkost- oder Salatteller paßt in jedem Fall gut als Vorspeise.

Ganz einfach · Braucht etwas Zeit

Couscous mit Kichererbsen

Anstelle von Couscous-Grieß können Sie auch die glutenfreie Hirse verwenden, die allerdings vorgegart werden muß.

Zutaten für 4 Portionen:
150 g getrocknete Kichererbsen · 250 g Möhren · 2 Kohlrabi · 250 g grüne Bohnen · 2 grüne Paprikaschoten · 2 Zwiebeln · 2–3 Knoblauchzehen · 3 Eßl. kaltgepreßtes Oliven- oder Sonnenblumenöl · 50 g ungeschwefelte Sultaninen · 1 Teel. Bohnenkrautblättchen · 500–600 ccm Wasser · Salz · 1 Gemüsebrühwürfel · 1 Prise Pimentpulver · 300 g Couscous-Vollkorngrieß (grober Hartweizengrieß) · 2 gehäufte Eßl. Butter (40 g) · 2 Eßl. beliebige Kräuter, frisch gehackt
Pro Portion etwa: 2600 kJ/620 kcal
21 g Eiweiß · 17 g Fett · 93 g Kohlenhydrate · 16 g Ballaststoffe

Einweich- oder Keimzeit: über Nacht beziehungsweise 3–4 Tage
Zubereitungszeit: etwa 50 Minuten

● Die getrockneten Kichererbsen in möglichst kalkfreiem Wasser (abgekocht oder gefiltert) über Nacht einweichen. Oder die Kichererbsen in 3–4 Tagen keimen lassen (siehe Seite 11).
● Die eingeweichten Kichererbsen, mit Wasser bedeckt, in einem dichtschließenden Topf bei mittlerer Hitze in etwa 45 Minuten weich kochen.
● Inzwischen die Möhren waschen, schaben oder dünn schälen und in ½ cm dicke Scheiben schneiden. Die Kohlrabi dünn schälen und in ½ cm große Würfel schneiden. Die Bohnen waschen und putzen, wenn nötig von Fäden befreien und in 3 cm lange Stücke schneiden oder brechen. Die Paprikaschoten waschen, halbieren, den Stielansatz und die Kerne entfernen und die Hälften in 1 cm große Würfel schneiden. Die Zwiebeln und die Knoblauchzehen schälen, abspülen, halbieren und getrennt in kleine Würfel schneiden.
● Das Öl in einer großen Deckelpfanne oder einem weiten Topf erhitzen und die Zwiebelwürfel darin leicht anbräunen.
● Die Knoblauchwürfelchen, die Möhren-, die Kohlrabi- und die Bohnenstücke sowie die Sultaninen und das Bohnenkraut dazugeben. Wenn Sie gekeimte Kichererbsen verwenden, diese abspülen und hinzufügen. Von dem Wasser etwa 2 Tassen voll angießen und das Gemüse bei mittlerer Hitze zugedeckt etwa 10 Minuten garen.
● Die Paprikawürfel bis auf einen kleinen Rest dazugeben. Etwas Salz, den zerdrückten Gemüsebrühwürfel und den Piment einrühren. Das restliche Wasser dazugießen, den Grieß unter Rühren hineinstreuen und alles zugedeckt bei schwacher Hitze 3–5 Minuten garen, bis der Grieß ausgequollen ist.
● Die gekochten Kichererbsen mit dem wenigen restlichen Kochwasser (es sollte nur noch wenig sein) sowie die übrigen Paprikawürfel dazugeben. Das Gericht mit der Butter verfeinern, abschmecken und eventuell nachwürzen. Vor dem Servieren mit den Kräutern bestreuen.

Herzhaftes aus einem Topf

Einfach abzuwandeln · Glutenfrei

Reis-Gemüse-Topf mit Champignons

Bild nebenstehend

Zutaten für 4 Portionen:
½ l Gemüsebrühe · 200 g Langkorn-Naturreis · Salz · 4 Eßl. kaltgepreßtes Olivenöl · je 1 rote und grüne Paprikaschote · 150 g Lauch · 200 g frische Champignons · 1 Zucchino (200 g) · 1 Zwiebel · 1 Knoblauchzehe · 4 Teel. Thymian oder Petersilie, frisch gehackt · 100 g Sahne · 3–4 Eßl. Hefeflocken · 1 Prise Streuwürze
Pro Portion etwa: 1600 kJ/380 kcal
11 g Eiweiß · 18 g Fett · 46 g Kohlenhydrate · 6 g Ballaststoffe

Zubereitungszeit: etwa 45 Minuten

- Die Gemüsebrühe zum Kochen bringen. Den Reis verlesen, in einem Sieb abspülen, in die kochende Brühe schütten und leicht salzen. Den Reis etwa 5 Minuten zugedeckt kochen lassen, dann bei schwacher Hitze oder in der Spar-Gar-Box/Kochkiste in 30–40 Minuten ausquellen lassen.
- Die Paprikaschoten waschen, halbieren, die Stielansätze und die Kerne entfernen und die Schoten in ½–1 cm große Stückchen schneiden.
- Vom Lauch schlechte Blätter und die Wurzeln abschneiden. Die Stange längs halbieren, unter fließendem Wasser gründlich zwischen den Blättern waschen und quer in ½ cm breite Streifen schneiden.
- Die Champignons putzen, wenn nötig kurz unter fließendem Wasser abspülen und in kleine Stücke schneiden. Den Zucchino waschen, vom Stiel- und Blütenansatz befreien und in ½ cm dicke Scheiben schneiden.
- Die Zwiebel und die Knoblauchzehe schälen, abspülen und fein schneiden. Das Öl in einem zweiten Topf erhitzen. Die Zwiebel- und Knoblauchwürfel darin bei mittlerer Hitze leicht anbraten.
- Die Pilze zu den Zwiebelwürfeln geben und kurz mitbraten. Das vorbereitete Gemüse dazugeben, leicht salzen und die Hälfte der Kräuter daruntermischen. Das Gemüse zugedeckt 5–7 Minuten dünsten.
- Wenn der Reis ausgequollen ist, das Gemüse darunterrühren. Die Sahne und nach Belieben noch etwas Wasser angießen. Den Reistopf mit den Hefeflocken und der Streuwürze abschmecken. Die restlichen Kräuter darüberstreuen.

Varianten: Dieses Rezept können Sie auch mit anderen Getreidearten zubereiten. Es schmeckt auch sehr gut als Füllung zu Paprikaschoten. Wenn Sie dieses Reisgericht als Beilage dekorativ anrichten möchten, dann sollte die Konsistenz nicht zu flüssig sein. Drücken Sie die Masse in kalt ausgespülte Tassen und stürzen Sie sie portionsweise auf eine vorgewärmte Platte oder auf die Teller. Die Menge reicht als Beilage für 6–8 Portionen.

Naturreis enthält noch seine wertvollen Inhaltsstoffe. Deshalb schmecken Eintöpfe wie dieser Reis-Gemüse-Topf mit Champignons viel herzhafter als Gerichte mit poliertem weißem Reis. Sie können mit anderen Gemüsesorten nach Geschmack immer wieder abwandeln. Rezept auf dieser Seite. ▷

Herzhaftes aus einem Topf

Ganz einfach · Raffiniert · Glutenfrei

Hirsotto mit Spargel

Zutaten für 4 Portionen:
500 g Spargel, möglichst nicht zu dicke Stangen · 200 g Hirse · 2–3 Frühlingszwiebeln oder 1 mittelgroße Zwiebel · 60 g Butter · etwa ½ l Gemüsebrühe aus Würfel · 200 g Blattspinat · ¼ l Wasser · 1 Bund Schnittlauch oder Petersilie · 80–100 g Parmesan oder Emmentaler Käse, frisch gerieben · Salz · 1 Prise weißer Pfeffer, frisch gemahlen
Pro Portion etwa: 1600 kJ/380 kcal
16 g Eiweiß · 20 g Fett · 38 g Kohlenhydrate · 6 g Ballaststoffe

Vorbereitungszeit: etwa 40 Minuten
Garzeit: etwa 30 Minuten

- Den Spargel waschen und schälen, dabei die holzigen Enden entfernen. Die Stangen in etwa 3 cm lange Stücke schneiden, die Köpfe beiseite legen.
- Die Hirse verlesen und in einem Sieb heiß abspülen.
- Die Frühlingszwiebeln putzen, gründlich waschen und in feine Ringe schneiden. Oder die Zwiebel schälen, abspülen, halbieren und fein schneiden.
- Die Hälfte der Butter in einem Topf aufschäumen lassen. Die Zwiebeln dazugeben und glasig braten.
- Die Hirse sowie die Spargelstücke (ohne die Köpfe) dazugeben und mit der Gemüsebrühe aufgießen. Alles zugedeckt etwa 5 Minuten kochen lassen, dann bei reduzierter Hitze noch 10–15 Minuten köcheln lassen.
- Inzwischen den Spinat verlesen, gründlich waschen und putzen.
- In einem Topf das Wasser zum Kochen bringen. Die Spargelspitzen darin 2–3 Minuten blanchieren, mit einer Schaumkelle herausnehmen und zur Hirse geben. Den Spinat in das Wasser geben und 3–4 Minuten ebenfalls blanchieren. Die Spinatblätter herausnehmen, auf ein Brett legen und leicht abkühlen lassen; dann kleinschneiden und ebenfalls zur Hirsemasse geben.
- Die Hirse noch 5–10 Minuten ohne Hitze zugedeckt nachquellen lassen, bis die Körner gleichmäßig aufgequollen und weich sind.
- Den Schnittlauch oder die Petersilie waschen, trockenschütteln und fein schneiden. Den Käse, den Schnittlauch oder die Petersilie und die restliche Butter in den Hirsotto rühren. Mit Salz und dem Pfeffer abschmecken. Bei Bedarf noch etwas Wasser (eventuell vom Blanchierwasser) dazugeben, damit der Hirsotto eine geschmeidige Konsistenz bekommt.

Tip: Der Spargelgeschmack wird noch intensiver, wenn Sie zunächst die Spargelschalen mit Wasser 10–15 Minuten auskochen und diese Spargelbrühe dann für die Zubereitung verwenden.

Varianten: Nach diesem Rezept können Sie durch Zugabe von mehr Flüssigkeit auch eine delikate Suppe zubereiten. Außerdem können Sie den Hirsotto auch mit anderen Gemüsesorten, zum Beispiel mit Kohlrabi oder Blumenkohl, abwandeln.

◁ Für die klassischen Serviettenknödel mit Pilzragout werden (von links nach rechts) die Brotstücke mit der heißen Flüssigkeit eingeweicht, der Eischnee unter die Knödelmasse gehoben, die Masse in der Serviette zur Rolle geformt, die Knödelrolle ins kochende Wasser gehängt, die Rolle mit dem Faden in Scheiben geteilt, die Scheiben mit dem Ragout angerichtet. Rezept Seite 43.

Herzhaftes aus einem Topf

Raffiniert · Einfach abzuwandeln

Dinkel mit Safran und Gemüse

Zutaten für 4 Portionen:
200 g Dinkel · knapp ½ l Wasser · 1 große Zwiebel · 2 gehäufte EßI. Butter (40 g) · 1 Portion Safranpulver (zum Beispiel 1 Briefchen = etwa 0,1 g) · 1 Gemüsebrühwürfel · 1 kleiner Kopf Blumenkohl (500 g) · 1 Teel. Zitronensaft, frisch gepreßt · 100 g frische enthülste oder tiefgefrorene Erbsen · 80 g Parmesankäse, frisch gerieben
Pro Portion etwa: 1500 kJ/360 kcal
18 g Eiweiß · 15 g Fett · 39 g Kohlenhydrate · 10 g Ballaststoffe

Einweichzeit: 4–5 Stunden oder über Nacht
Zubereitungszeit: etwa 45 Minuten

• Den Dinkel verlesen und in dem Wasser zugedeckt 4–5 Stunden oder über Nacht einweichen.
• Die Zwiebel schälen, abspülen, halbieren und würfeln. Die Butter in einem Topf aufschäumen lassen. Die Zwiebelwürfel darin glasig braten.
• Den Dinkel in ein Sieb abgießen, dabei das Einweichwasser auffangen. Die Körner zur Zwiebel geben und 2–3 Minuten anbraten. Den Safran und den zerdrückten Brühwürfel hineinrühren. Das Ganze mit dem Einweichwasser aufgießen und zugedeckt etwa 5 Minuten kochen lassen. Dann bei schwacher Hitze oder in einer Spar-Gar-Box/Kochkiste in etwa 40 Minuten ausquellen lassen.
• Inzwischen den Blumenkohl putzen und mit dem Strunk nach oben etwa 20 Minuten in kaltes Salz- oder Biosmonwasser legen.
• In einem zweiten Topf etwa ¼ l Wasser mit dem Zitronensaft zum Kochen bringen.
• Den Blumenkohl in Röschen zerteilen. Den Strunk in kleine Würfel schneiden. Das Gemüse in dem Zitronenwasser zugedeckt in etwa 10 Minuten nicht zu weich kochen.
• Dann die Erbsen zum Blumenkohl geben und noch 3–4 Minuten mitkochen lassen.
• Das Gemüse mit dem Kochwasser zu dem ausgequollenen Dinkel geben und vorsichtig (am besten mit einer Gabel) daruntermischen. Sollte noch zuviel Flüssigkeit vorhanden sein, diese etwas einkochen lassen.
• Den Parmesan darüberstreuen und leicht daruntermischen. Das Gericht sofort servieren.

Ganz einfach · Glutenfrei

Reiscurry mit Zucchini

Zutaten für 4 Portionen:
250 g Langkorn-Naturreis · ½ l Wasser · Salz · 2 große Zwiebeln (200 g) · 2 gehäufte EßI. Butterschmalz oder Butter (40 g) · 800 g Zucchini · 2–3 gestrichene EßI. Currypulver · 2 cm Ingwerwurzel oder 1 Teel. Ingwerpulver · 3–4 Teel. Zitronensaft, frisch gepreßt, oder Weißwein · 100–150 g Crème fraîche oder saure Sahne mit 20% Fett · Streuwürze · 3–4 EßI. Kürbiskerne · 3–4 EßI. Zitronenmelisseblättchen
Pro Portion etwa: 2200 kJ/520 kcal
11 g Eiweiß · 29 g Fett · 58 g Kohlenhydrate · 7 g Ballaststoffe

Zubereitungszeit: etwa 50 Minuten

• Den Reis verlesen, in einem Sieb abspülen und in einen kleinen Topf geben. Das Wasser und 1 Prise Salz hinzufügen. Den Reis zugedeckt aufkochen lassen. Dann auf schwache Hitze zurückschalten oder den Topf in eine Kochkiste stellen und den Reis in etwa 40 Minuten ausquellen lassen.

Herzhaftes aus einem Topf

- Inzwischen die Zwiebel schälen, kurz abspülen, und in 1 cm große Stücke schneiden. Das Butterschmalz oder die Butter in einer Pfanne oder einem flachen Topf erhitzen und die Zwiebelstücke darin in etwa 10 Minuten bei mittlerer Hitze halbweich dünsten.
- Die Zucchini waschen, von Stiel- und Blütenansätzen befreien und in 1 cm große Würfel schneiden. Die Zucchiniwürfel zu den Zwiebeln geben. Mit dem Currypulver bestäuben.
- Die Ingwerknolle abspülen, schälen und fein würfeln oder reiben. Den Ingwer zum Gemüse geben und darunterrühren. Alles zugedeckt etwa 10 Minuten bei mittlerer Hitze dünsten.
- Den ausgequollenen Reis unter das Gemüse mischen. Den Zitronensaft oder den Weißwein sowie die Crème fraîche oder die saure Sahne dazugießen. Umrühren und mit Salz und Streuwürze abschmecken.
- Die Kürbiskerne auf einem Brett mit einem großen Messer grob hacken und mit den Zitronenmelisseblättchen über die Reis-Gemüse-Mischung streuen.

Ganz einfach · Preiswert

Grünkern-Pilz-Topf

Zutaten für 4 Portionen:
200 g Grünkern · ½ l Wasser · 1 Gemüsebrühwürfel · 2 mittelgroße Zwiebeln · 1 Knoblauchzehe · 250 g Möhren · 250 g frische Champignons · 1 Stange Lauch (300 g) · 3 Eßl. kaltgepreßtes Sonnenblumen- oder Olivenöl · 1 gehäufter Eßl. Butter (20 g) · Salz Currypulver · Streuwürze · 1 Bund Petersilie oder Schnittlauch
Pro Portion etwa: 1300 kJ/310 kcal
10 g Eiweiß · 12 g Fett · 40 g Kohlenhydrate · 10 g Ballaststoffe

Einweichzeit: 1 Stunde
Zubereitungszeit: etwa 40 Minuten

- Den Grünkern verlesen, dann mit dem Wasser und dem zerdrückten Brühwürfel in einem Topf zugedeckt etwa 1 Stunde einweichen.
- Den Grünkern mit dem Wasser und dem zerdrückten Brühwürfel etwa 5 Minuten bei mittlerer Hitze kochen, dann zugedeckt bei schwacher Hitze oder in der Spar-Gar-Box/Kochkiste in 30–40 Minuten ausquellen lassen.
- Inzwischen die Zwiebeln und die Knoblauchzehe schälen, abspülen, halbieren und fein würfeln.
- Die Möhren waschen, schaben oder dünn schälen und in 2–3 mm dicke Scheiben oder Stifte schneiden. Die Champignons wenn nötig kurz unter fließendem Wasser abspülen und putzen, bei größeren Exemplaren die Huthaut abziehen. Die Pilze in ½ cm dicke Scheiben schneiden.
- Vom Lauch schlechte Blätter und die Wurzeln abschneiden. Die Stange längs halbieren und unter fließendem Wasser gründlich zwischen den Blättern waschen. Den Lauch in 1 cm breite Streifen schneiden.
- Das Öl in einer großen Deckelpfanne oder in einem flachen Topf erhitzen. Die Zwiebel- und die Knoblauchwürfel darin leicht anbräunen.
- Die Pilzscheiben dazugeben und leicht anbraten. Die Möhrenscheiben und die Lauchstreifen hinzufügen und alles zugedeckt 6–7 Minuten dünsten.
- Den ausgequollenen Grünkern und die Butter zum Gemüse geben. Mit Salz, Currypulver und Streuwürze abschmecken.
- Die Petersilie oder den Schnittlauch waschen, trockenschütteln, fein schneiden und kurz vor dem Servieren unter den Eintopf mischen.

Klöße, Knödel, Gnocchi...

Getreide läßt sich aufgrund seiner »klebenden« Eigenschaften sehr leicht und überaus vielfältig zu Klößchen, Gnocchi und anderen feinen »geformten« Gerichten verarbeiten. Die vorgeschlagenen Beigaben sind austauschbar.

Ganz einfach · Glutenfrei

Buchweizenring mit kalter Tomatensauce

Wenn Sie keine Luzernensprossen bekommen, können Sie sie selbst ankeimen, wie auf Seite 11 beschrieben.

Zutaten für 4 Portionen:
Für den Ring: 1 Möhre (100 g) · 50 g Knollensellerie · 1 Zwiebel · 1 Knoblauchzehe · 400 ccm Gemüsebrühe · 1 Teel. Currypulver · Salz · 200 g Buchweizen · 1 kleine Stange Lauch (100 g) · 1 Bund Schnittlauch oder Dill · 50 g Crème fraîche oder saure Sahne mit 20% Fett
Für die Sauce: 400 g reife Tomaten · 1 Schalotte oder 1 sehr kleine Zwiebel (20 g) · 4 Eßl. Luzernensprossen (siehe Seite 11), ersatzweise grob gehackte Petersilie · 1 Bund Schnittlauch oder Basilikum · 1–2 Eßl. kaltgepreßtes Olivenöl · Salz · Pfeffer, frisch gemahlen · ½ Teel. Honig oder Ahornsirup · eventuell 50–100 g Sahne oder Quark
Pro Portion etwa 1300 kJ/310 kcal
9 g Eiweiß · 12 g Fett · 44 g Kohlenhydrate · 6 g Ballaststoffe

Zubereitungszeit: etwa 45 Minuten

- Für den Buchweizenring die Möhre waschen, schaben oder dünn schälen und in ½ cm große Würfel schneiden. Das Selleriestück schälen, abspülen und ebenfalls in ½ cm große Würfel schneiden. Die Zwiebel und die Knoblauchzehe schälen, abspülen, halbieren und fein würfeln.
- Die Gemüsebrühe mit dem Currypulver und 1 Prise Salz zum Kochen bringen.
- Den Buchweizen verlesen, in einem Sieb heiß abspülen und mit den Möhren-, den Sellerie-, den Zwiebel- und den Knoblauchwürfeln in die kochende Brühe geben. Kurz aufkochen lassen. Die Temperatur zurückschalten und den Buchweizen zugedeckt bei schwacher Hitze etwa 15 Minuten kochen lassen.
- Von der Lauchstange schlechte Blätter und die Wurzeln abschneiden. Die Stange längs halbieren und unter fließendem Wasser gründlich zwischen den Blättern waschen. Den Lauch quer in 3–5 mm breite Streifen schneiden.
- Die Lauchstreifen in die kochende Buchweizenmasse rühren und alles zugedeckt weiterkochen lassen. Falls die Flüssigkeit schon aufgesogen worden ist, noch etwas Wasser nachgießen.
- Inzwischen für die Sauce die Tomaten waschen, halbieren und die Stielansätze ausschneiden. Die Schalotte oder die Zwiebel schälen, abspülen und grob zerschneiden. Die Sprossen (oder die Petersilie) und den Schnittlauch oder das Basilikum waschen und abtropfen lassen. Einen kleinen Teil beiseite legen, die restlichen Sprossen und Kräuter mit den Tomaten-, den Schalotten- oder Zwiebelstücken und dem Öl im Mixer oder mit dem Mixstab pürieren. Mit Salz, Pfeffer und dem Honig oder Ahornsirup abschmecken.
- Die Sauce nach Belieben noch mit etwas Sahne oder Quark verfeinern und mit den restlichen Sprossen und Kräutern bestreuen.
- Den Buchweizen nach Ende der Garzeit auf der ausgeschalteten Platte noch etwa 10 Minuten nachquellen lassen.
- Den Backofen auf 50° (Gas Stufe ½) einschalten und eine Platte darin anwärmen. Den

Klöße, Knödel, Gnocchi...

Schnittlauch oder Dill waschen, trockenschütteln und fein schneiden.
• Eine Reisringform (ersatzweise eine Schüssel) kalt ausspülen. Die Hälfte der Kräuter unter den Buchweizen mischen. Die Masse in die Form einfüllen und mit einem Löffel festdrücken. Die vorgewärmte Platte umgekehrt auf die Form legen und den Buchweizen daraufstürzen.
• Die Crème fraîche oder die saure Sahne glattrühren (wenn sie sehr fest ist, eventuell etwas Wasser hinzufügen; sie soll aber dickflüssig sein) und kreisförmig über den Buchweizenring gießen. Den restlichen Schnittlauch oder Dill darüberstreuen. Die kalte Sauce dazu servieren.

Variante: Buchweizenring mit Currysauce
Für eine Currysauce, in die Sie nach Belieben noch einige Rosinen streuen können, 200 g Sahne mit ¼ l Wasser, 20 g fein gemahlenem Reis oder Reisflocken und 1-2 Eßlöffeln Currypulver verrühren, unter Rühren etwa 10 Minuten leicht kochen lassen und mit Salz oder Streuwürze abschmecken.

Ganz einfach · Mit vorgekochten Kartoffeln

Spinatgnocchi mit Käsesauce

Zutaten für 4 Portionen:
Für die Gnocchi: 200 g Weizen, mittelgrob (grießartig) geschrotet, oder Vollkornweizengrieß · 400 g Pell- oder Salzkartoffeln, frisch gekocht · 2 Eier · 50 g Sahne · Salz · 1 Prise Muskatnuß, frisch gerieben · 200 g Spinat · 100 g Parmesankäse, ersatzweise Emmentaler, frisch gerieben · etwa 2 l Wasser
Für die Sauce: knapp ½ l Milch oder halb Milch halb Sahne · 100-150 g Gorgonzola, Roquefort oder andere weiche Käsesorte · 50 g Parmesan oder Emmentaler Käse, frisch gerieben ·
1-2 Eßl. Hefeflocken · 1 Prise Streuwürze oder gekörnte Gemüsebrühe · 1-2 Eßl. beliebige Kräuter, frisch gehackt, oder Luzernensprossen (siehe Seite 11) oder Kresse
Pro Portion mit Milch etwa: 2800 kJ/670 kcal 36 g Eiweiß · 34 g Fett · 54 g Kohlenhydrate · 9 g Ballaststoffe

Zubereitungszeit: etwa 45 Minuten

• Für die Gnocchi den Weizenschrot oder den Grieß in eine Schüssel geben. Pellkartoffeln abziehen. Die Kartoffeln möglichst noch warm durch eine Presse drücken oder fein reiben; leicht abkühlen lassen. Die Kartoffelmasse in die Schüssel geben, dazu die Eier, die Sahne, etwa 1 gestrichenen Teelöffel Salz und die Muskatnuß. Alles zu einem festen Teig vermengen und 20-30 Minuten quellen lassen.
• Inzwischen den Spinat putzen und gründlich waschen. Die Spinatblätter tropfnaß in einen Topf geben und zugedeckt 2-3 Minuten dünsten, bis sie zusammengefallen sind. Den Spinat auf ein großes Brett geben und abkühlen lassen.
• In einem großen Topf das Wasser mit etwa 1 Teelöffel Salz zum Kochen bringen.
• Den Spinat fein hacken und mit dem Käse in die Kartoffelmasse einarbeiten. Sie sollte geschmeidig, aber nicht zu weich sein. Wenn sie zu weich ist, noch etwas Weizenschrot oder Grieß dazugeben. Den Teig abschmecken. Mit zwei nassen Eßlöffeln kleine Klößchen formen und – in 2-3 Portionen – in das kochende Wasser geben. Die Hitze reduzieren und die Gnocchi etwa 5 Minuten ziehen lassen, bis sie oben schwimmen.
• Die Gnocchi mit einem Schaumlöffel aus dem Wasser heben, gut abtropfen lassen, in eine Servierschüssel legen und in den auf 50° eingestellten Backofen (Gas Stufe ½) stellen, bis die Sauce zubereitet ist.

Klöße, Knödel, Gnocchi...

- Für die Sauce die Milch oder Sahne in einen kleinen Topf gießen und bei schwacher Hitze etwas einkochen lassen.
- Den Weichkäse grob zerteilen und in der heißen Milch/Sahne schmelzen lassen. Den geriebenen Käse und die Hefeflocken hineinrühren und die Sauce mit der Streuwürze oder der Gemüsebrühe abschmecken.
- Die Schüssel mit den Gnocchi aus dem Backofen nehmen, die Sauce darübergießen, die Kräuter oder Sprossen oder die Kresse darüberstreuen und sofort servieren.

Variante: Buchweizengnocchi
Ersetzen Sie den Weizen zur Hälfte durch Buchweizen. Den Spinat und den Käse können Sie nach Belieben auch weglassen.

Ganz einfach · Raffiniert

Weizen-Sesam-Klößchen mit Wirsing

Zutaten für 4 Portionen:
50–60 g Sesamsamen · 160 g Weizen, mittelgrob geschrotet, oder Vollkornweizengrieß ·
2 Eier · etwa 150 g Sahne · 2 Eßl. Sesammus, falls vorhanden · Salz · 1 Prise gemahlene Muskatblüte · 1 Bund Petersilie · etwa
600 g Wirsing · 2 gehäufte Eßl. Butter (40 g) ·
2–2½ l Gemüsebrühe · 1–2 Teel. Sojasauce
Pro Portion etwa: 2100 kJ/500 kcal
18 g Eiweiß · 34 g Fett · 33 g Kohlenhydrate ·
9 g Ballaststoffe

Vorbereitungszeit: etwa 40 Minuten
Garzeit: etwa 15 Minuten

- Die Sesamsamen in einer Pfanne goldbraun rösten und beiseite stellen.
- Den Weizenschrot oder den Grieß mit den Eiern, der Sahne und eventuell dem Sesammus verrühren. Die Masse soll geschmeidig sein. Mit etwas Salz und dem Muskat abschmecken.
- Die Petersilie waschen, trockenschütteln und fein schneiden. Die Hälfte der Petersilie sowie den gerösteten Sesam in die Weizenmasse rühren und alles etwa 20 Minuten quellen lassen.
- Inzwischen vom Wirsingkopf schlechte Blätter entfernen, den Kopf halbieren, den Strunk keilförmig herausschneiden und die Kohlhälften in 1 cm breite Streifen schneiden.
- Die Butter in einem Topf erhitzen und die Kohlstreifen darin kurz andünsten. Etwa 1 Tasse Gemüsebrühe angießen und den Wirsing zugedeckt in etwa 7 Minuten nicht ganz weich kochen; dann beiseite stellen.
- Inzwischen die restliche Brühe zum Kochen bringen. Von der Weizenmasse mit zwei in Wasser getauchten Tee- oder Eßlöffeln Klößchen formen, diese in die kochende Brühe geben und 5–7 Minuten ziehen lassen.
- Zum Schluß den vorgegarten Wirsing in die Brühe geben. Das Gericht mit der Sojasauce abschmecken und mit der restlichen Petersilie bestreuen.

Preiswert · Ganz einfach · Schnell

Salzburger Käseknödel

Für diese herzhaften Knödel sollten Sie die kräftige Gemüsebrühe nach Möglichkeit selbst kochen. Die Knödel werden in der Brühe serviert und ergeben mit einer Salatvorspeise eine unkomplizierte wohlschmeckende Mahlzeit.

Zutaten für 4 Portionen:
2–2½ l kräftige Gemüsebrühe · 250 g altbackene Vollkornbrötchen oder Vollkorntoastbrot ·

Klöße, Knödel, Gnocchi...

80 g würziger Hartkäse · 2 Eier · 20–40 g Weizen, fein gemahlen · Salz · Muskatnuß, frisch gerieben · 1 mittelgroße Zwiebel · 1 Bund Schnittlauch oder Petersilie · 1 gehäufter Eßl. Butter (20 g)
Pro Portion etwa: 1300 kJ/310 kcal
15 g Eiweiß · 14 g Fett · 30 g Kohlenhydrate · 5 g Ballaststoffe

Vorbereitungszeit: etwa 30 Minuten
Garzeit: 5–10 Minuten

- Etwa 1/8 l Gemüsebrühe erhitzen. Die Brötchen oder die Toastscheiben grob zerteilen und in eine Schüssel geben. Die heiße Brühe über die Stücke gießen und vermengen. Den Käse in kleine Würfel schneiden und mit den Eiern sowie 2 Eßlöffeln Weizenmehl unter das Brot rühren. Die Mischung mit Salz und Muskat würzen und etwa 20 Minuten ziehen lassen, bis die Brotstücke gut durchgeweicht sind.
- Die Zwiebel schälen, abspülen und fein würfeln. Den Schnittlauch oder die Petersilie waschen, trockenschütteln und fein schneiden.
- Die Butter in einer kleinen Pfanne erhitzen. Die Zwiebelwürfel darin goldgelb braten und mit dem Schnittlauch oder der Petersilie – bis auf einen kleinen Rest – in die Knödelmasse kneten. Die Masse abschmecken. Sollte sie sehr weich sein, noch etwas Weizenmehl hineinkneten.
- Die restliche Gemüsebrühe in einem großen Topf zum Kochen bringen.
- Mit nassen Händen 8 flache Knödel formen. Diese in das siedende Wasser legen und bei schwacher Hitze 10–15 Minuten ziehen lassen.
- Die Käseknödel mit einem Schaumlöffel in eine Suppenschüssel oder portionsweise in Suppenteller geben, die Brühe dazugießen und mit dem restlichen Schnittlauch oder der restlichen Petersilie bestreuen.

Preiswert · Braucht etwas Zeit

Serviettenknödel mit Pilzragout
Bild Seite 36

Zutaten für 4 Portionen:
Für die Knödel: 200 g altbackene Brötchen und Vollkornbrotscheiben gemischt · 100 ccm Gemüsebrühe · 100 ccm Sahne oder Milch · 2 Eigelb · Salz · Muskatnuß, frisch gerieben · 1 Bund Petersilie · 75 g Weizen, mittelgrob geschrotet, oder Vollkorngrieß · 2 Eiweiß
Für das Ragout: 300–400 g frische Pilze, zum Beispiel braune Champignons (Egerlinge), Austernpilze oder Steinpilze · 1 große Zwiebel (100 g) · 2 gehäufte Eßl. Butterschmalz (40 g) · 1/2 Teel. Anissamen · etwa 1/2 l Wasser · 50–100 g Sahne · Salz · Streuwürze · 1–2 Eßl. Hefeflocken
Zum Garen: 2 frische große Servietten oder Geschirrtücher
Pro Portion etwa: 1800 kJ/430 kcal
13 g Eiweiß · 26 g Fett · 36 g Kohlenhydrate · 7 g Ballaststoffe

Vorbereitungszeit: etwa 35 Minuten
Garzeit: etwa 45 Minuten

- Für die Knödel die Brötchen und Brotscheiben grob zerteilen und in eine Schüssel geben.
- Die Gemüsebrühe mit der Sahne oder Milch in einem Topf erhitzen und über die Brotstücke gießen. Die Eigelbe hineinrühren. Mit Salz und Muskatnuß würzen. Die Mischung etwa 15 Minuten quellen lassen; ab und zu umrühren.
- Die Petersilie waschen, trockenschütteln und hacken.
- Den Weizenschrot in die Brotmasse rühren. Die Petersilie – bis auf einen kleinen Rest für das Ragout – einarbeiten. Die Eiweiße mit

Klöße, Knödel, Gnocchi...

1 Prise Salz steif schlagen und vorsichtig darunterheben.
- In einem großen weiten Topf etwa 2½ l Wasser mit 1 Teelöffel Salz zum Kochen bringen.
- Die Servietten oder die Geschirrtücher in kaltes Wasser tauchen und gut ausdrücken. Die Knödelmasse jeweils zur Hälfte in die Mitte einer Serviette geben und diese zu einer Rolle formen. Die Enden leicht zusammendrehen. Die Rollen in das kochende Wasser legen, dabei die Tuchenden über die Topfkante hängen lassen. Den Deckel auflegen und die Enden damit festklemmen. Darauf achten, daß die Rollen ganz im Wasser hängen. Die Knödelrollen etwa 30 Minuten bei schwacher Hitze garen.
- Inzwischen für das Ragout die Pilze putzen, wenn nötig unter fließendem Wasser kurz waschen und in etwa ½ cm dicke Scheiben schneiden. Die Zwiebel schälen, abspülen, halbieren und in Würfel schneiden.
- Die Hälfte des Butterschmalzes in einer Pfanne erhitzen. Die Zwiebelwürfel darin unter Wenden goldbraun braten und auf einem Teller beiseite stellen.
- Das restliche Butterschmalz in die Pfanne geben und die Pilze zusammen mit den Anissamen bei starker Hitze in etwa 3 Minuten leicht anbräunen. Die Zwiebeln dazugeben, das Wasser und die Sahne darangießen. Mit Salz, Streuwürze und den Hefeflocken abschmecken. Die von den Knödeln übrigbehaltene Petersilie daruntermischen.
- Prüfen, ob die Serviettenknödel fest sind. Dann die Rollen aus dem Topf nehmen und leicht abkühlen lassen. Die Servietten öffnen. Mit kräftigem Küchengarn jede Knödelrolle in etwa 2 cm dicke Scheiben zerteilen (siehe Farbfoto). Die Scheiben auf eine vorgewärmte Platte legen und zusammen mit dem Pilzragout sofort servieren.

Raffiniert · Kalt als Zwischenmahlzeit geeignet

Gerstenschnitten mit Broccolipüree

Bild Umschlag-Rückseite

Zutaten für 4–6 Portionen:
Für die Schnitten: 200 g Nacktgerste, mittelgrob geschrotet · 100 g Dinkel oder Weizen, mittelgrob geschrotet · 2 Teel. Currypulver · 600–700 ccm Gemüsebrühe aus Würfeln · 1 Zwiebel · 1 gehäufter Eßl. Butter (20 g) · 2–3 Eiweiß · 2–3 Eigelb · 50 g Emmentaler Käse, frisch gerieben · 1 Prise Safran · 1 Prise gemahlene Muskatblüte · 1 Prise Streuwürze · Salz
Für das Püree: 700 g Broccoli · 1 Knoblauchzehe · ½ l Wasser · ½ Gemüsebrühwürfel · 1 Prise gemahlene Muskatblüte · Salz · 100 g Sahne · eventuell 1 Tomate
Für die Form: Butter · 2 Eßl. Sesamsamen
Bei 4 Portionen pro Portion etwa: 2200 kJ/ 520 kcal
24 g Eiweiß · 25 g Fett · 51 g Kohlenhydrate · 14 g Ballaststoffe

Vorbereitungszeit: etwa 50 Minuten
Backzeit: 55–60 Minuten

- Für die Schnitten den Gersten- und den Dinkel- oder Weizenschrot in einem Topf mit dem Curry bei mittlerer Hitze ohne Fett unter Rühren kurze Zeit rösten, bis es würzig duftet.
- Die Gemüsebrühe aufgießen und alles unter Rühren kurz aufkochen lassen. Den Deckel auflegen und das Getreide bei schwacher Hitze oder in der Spar-Gar-Box in etwa 20 Minuten ausquellen lassen.
- Inzwischen eine Kastenform von 25–30 cm Länge fetten und mit den Sesamsamen ausstreuen. (Die Sesamsamen können vorher in

Klöße, Knödel, Gnocchi...

einer Pfanne ohne Fett kurz geröstet werden.)
- Die Zwiebel schälen, abspülen, halbieren und fein würfeln. Die Butter in der Pfanne erhitzen und die Zwiebelwürfel darin anbraten.
- Den ausgequollenen Getreideschrot leicht abkühlen lassen.
- Die Eiweiße mit 1 Prise Salz steif schlagen.
- Den Backofen auf 200° einschalten (Gas Stufe 2½–3).
- In die Getreidemasse die Eigelbe, den Käse, die Zwiebelwürfel, den Safran und die Muskatblüte rühren. Sollte die Masse sehr fest sein, noch etwas Wasser hinzufügen. Die Masse abschmecken, sie soll kräftig gewürzt sein.
- Den Eischnee darunterheben. Die Getreidemasse in die Form füllen und glattstreichen. Die Form auf der mittleren Schiene in den Backofen stellen und die Pastete 55–60 Minuten backen.
- Inzwischen für das Püree den Broccoli von den größeren Blättern befreien und etwa 15 Minuten in Salz- oder Biosmonwasser legen.
- Den Broccoli abspülen und von den Strünken die faserige Schale abziehen. Den Broccoli in kleine Stücke zerteilen. Die Knoblauchzehe schälen und fein schneiden oder durch die Presse drücken.
- In einem schmalen, hohen Topf das Wasser mit dem Brühwürfel und dem Knoblauch zum Kochen bringen. Den Broccoli darin etwa 5 Minuten dünsten.
- Den Topf vom Herd nehmen. Einige Broccoliröschen herausnehmen und beiseite legen. Das übrige Gemüse in der Brühe mit einem Mixstab pürieren. Mit der Muskatblüte, der Streuwürze und 1 Prise Salz würzen, die Sahne darangießen und das Püree abschmecken.
- Die Form aus dem Herd nehmen. Eine Servierplatte in den abgeschalteten, halb geöffneten Backofen zum Anwärmen stellen (auf eine hitzefeste Unterlage, damit sie nicht zerspringt).
- Den Gerstenbraten an den Rändern der Form mit einem Messer lösen. Den Braten auf die Platte stürzen und mit einem scharfen Messer in fingerdicke Scheiben schneiden.
- Das Püree nach Belieben mit Tomate und den Broccoliröschen garnieren und zu den Gerstenschnitten reichen.

Tip: Sie können die Gerstenmasse auch in einer Reisringform zubereiten. Als Beilage paßt sehr gut ein buntes Gemüse dazu.

Variante: Gerstenschnitten mit Tomatenpüree
Eine warme Tomatensauce, die auch zu anderen Getreidegerichten gut schmeckt.
800–1000 g vollreife Tomaten brühen, häuten und kleinschneiden, dabei die Stielansätze entfernen. 1 kleine Zwiebel und 1 Knoblauchzehe, feingeschnitten, in 2 gehäuften Eßlöffeln Butter (40 g) glasig braten. Die Tomatenstücke hinzufügen. 40 g Weizen- oder Reismehl, frisch gemahlen, hineinrühren. Mit Salz, 1 Teelöffel Honig, geriebener Muskatnuß und Streuwürze abschmecken. Etwa 5 Minuten bei schwacher Hitze kochen lassen; gelegentlich umrühren. Nach Belieben mit etwas Sahne verfeinern. 3–4 Eßlöffel Basilikum, frisch gehackt, darunterrühren.

Variante: Gerstenschnitten mit Kräutersauce
In einem kleinen Topf etwa 1 Eßlöffel Butter aufschäumen lassen. 20 g Reis- oder Dinkelmehl, frisch gemahlen, darin anschwitzen lassen. 250–300 ccm Gemüsebrühe aus Würfel hineinrühren. 1 Knoblauchzehe daranpressen. Die Sauce 5–10 Minuten bei schwacher Hitze kochen lassen; gelegentlich umrühren. 100–150 g Crème fraîche oder Sahne hinzufügen. Mit Kräutersalz, Streuwürze, 1 Prise geriebener Muskatnuß und etwas Schabzigerklee würzen. 1–2 Bund Schnittlauch, Petersilie, Dill, eine Sorte oder gemischt, waschen, trockenschütteln, sehr fein hacken und in die Sauce rühren. Zu den Gerstenschnitten oder anderen Getreidegerichten servieren.

Knusprige Pfannengerichte

Suchen Sie für Fleischfrikadellen eine Alternative, die gut schmeckt, oder ein vollwertiges Pfannkuchenrezept? Beides, aber auch noch viele andere Leckerbissen wie Blinis, Crêpes... werden Sie in diesem Kapitel entdecken. Damit Sie nicht lange überlegen müssen, finden Sie für die meisten der knusprigen Pfannengerichte gleich auch die passenden Beilagen, zum Beispiel ein cremiges Gemüse oder eine saftige Sauce. Diese Beilagen bei den einzelnen Getreiderezepten sind untereinander austauschbar. Pfannkuchen können aus Mehl, Schrot oder Flocken und aus den verschiedensten Getreidearten zubereitet werden.

Kalt als Zwischenmahlzeit geeignet · Einfach abzuwandeln

Grünkern-Gemüse-Bratlinge

Diese Getreide-Gemüsebratlinge schmecken auch mit anderen Getreidearten!

Zutaten für 12 Bratlinge:
1 Eßl. Butterschmalz oder kaltgepreßtes Olivenöl · 200 g Grünkern, mittelgrob geschrotet · 400–500 ccm Wasser · 1 Gemüsebrühwürfel · 200 g gemischtes Gemüse, zum Beispiel Möhre, Zucchini, Kohlrabi, Sellerie, Lauch, Zwiebel oder Pilze · 2–3 Eßl. Schnittlauch, Petersilie, Thymian oder Majoran, frisch gehackt · eventuell 50 g Mandeln, frisch gerieben · 2–3 Eier · 2 Eßl. Hefeflocken · Salz · Currypulver
Zum Braten: Butterschmalz oder Öl
Pro Stück etwa: 530 kJ/130 kcal
5 g Eiweiß · 7 g Fett · 12 g Kohlenhydrate · 3 g Ballaststoffe

Zubereitungszeit: etwa 40 Minuten

● Das Butterschmalz oder das Öl in einem Topf erhitzen und den Schrot unter ständigem Bewegen 2–3 Minuten darin rösten.
● Das Wasser und den zerdrückten Gemüsebrühwürfel hineinrühren. Den Schrot bei schwacher Hitze zugedeckt quellen lassen.
● Das Gemüse putzen, waschen, im Elektrohacker, mit dem Mixstab, einem Messer oder einer Raspel sehr fein zerkleinern und unter die Schrotmasse rühren. Noch etwa 10 Minuten weiterquellen, dann leicht auskühlen lassen.
● Die Kräuter, nach Belieben die Mandeln, die Eier und die Hefeflocken in die Getreidemischung rühren. Mit Salz und Currypulver abschmecken.
● In einer möglichst beschichteten Pfanne etwas Butterschmalz oder Öl erhitzen. Aus dem Teig mit nassen Händen etwa 12 flache Küchlein formen. Die Bratlinge in dem Fett von beiden Seiten goldbraun braten.

Tip: Die Eier in den Bratlingen können Sie durch Zugabe von Käse, Quark, Tofu oder Sojamehl ganz oder teilweise ersetzen. Die Konsistenz der fertigen Küchlein ist dann etwas weicher.

Ganz einfach · Raffiniert · Glutenfrei

Maisschnitten mit Sprossen

Zutaten für 4–6 Portionen:
Für die Schnitten: 1 l Wasser · 1 Gemüsebrühwürfel · ¾ Teel. Salz oder Kräutersalz · 1 gehäufter Eßl. Butter (20 g) · 250 g Maisgrieß · 2–3 Eßl. Milch · 2–3 Eßl. Sesamsamen
Für das Gemüse: 300 g Mungobohnensprossen (aus etwa 90 g Mungobohnen, siehe Seite 11) · 300–400 g Möhren · 1–2 Zwiebeln (200 g) · 1 Knoblauchzehe · 1 gehäufter Eßl. Butter (20 g) · etwa ¼ l Wasser · 200 g Crème fraîche

Knusprige Pfannengerichte

oder Sahne · 1–3 Teel. Senf · Salz oder Kräutersalz · Streuwürze · Koriander, frisch gemahlen · weißer Pfeffer, frisch gemahlen · 2 EßI. Petersilie, frisch gehackt · 4 EßI. Senfsprossen (siehe Seite 100) oder Kresse
Zum Braten: Öl oder Butterschmalz
Bei 4 Portionen pro Portion etwa: 2400 kJ/ 570 kcal
11 g Eiweiß · 34 g Fett · 55 g Kohlenhydrate · 5 g Ballaststoffe

Zubereitungszeit: etwa 50 Minuten

- Für die Schnitten das Wasser mit dem Gemüsebrühwürfel, dem Salz oder Kräutersalz und der Butter zum Kochen bringen. Die Hitze reduzieren. Den Maisgrieß unter Rühren einrieseln lassen und so lange weiterrühren, bis die Masse dicklich wird. Den Maisbrei zugedeckt etwa 20 Minuten bei schwacher Hitze quellen lassen. Dabei gelegentlich umrühren.
- Inzwischen für das Gemüse die Sprossen abspülen und wenn nötig verlesen. Die Möhren waschen, schaben oder dünn schälen und in 3 mm dicke Scheiben schneiden oder hobeln.
- Die Zwiebel und die Knoblauchzehe schälen, abspülen, halbieren und fein würfeln.
- Den heißen Maisbrei etwa 1½ cm dick auf ein nasses Brett streichen, leicht abkühlen und dabei fest werden lassen.
- In einem tiefen Teller die Milch, in einem zweiten den Sesam bereitstellen. In einer Pfanne etwas Butterschmalz oder Öl leicht erhitzen.
- Die Platte aus Maisbrei mit einem Messer in etwa 5 cm große Schnitten zerteilen. Jedes Stück in die Milch tauchen, danach mit dem Sesam panieren, sofort in die Pfanne geben und bei mittlerer Hitze auf beiden Seiten goldbraun braten. Fertige Schnitten warm stellen.
- Für das Gemüse die Butter in einem Topf aufschäumen lassen. Die Zwiebel- und die Knoblauchwürfel darin glasig braten. Die Möhrenscheiben und das Wasser hinzufügen. Das Gemüse zugedeckt etwa 4 Minuten dünsten.
- Die Mungobohnensprossen zu den Möhren geben. Die Crème fraîche oder die Sahne angießen und alles mit dem Senf, Salz oder Kräutersalz, Streuwürze, Koriander und Pfeffer abschmecken. Die Sprossen etwa 4 Minuten leicht mitkochen lassen.
- Die Petersilie und die Senfsprossen oder die Kresse über das Gemüse streuen. Mit den Maisschnitten sofort servieren.

Kalt als Zwischenmahlzeit geeignet · Glutenfrei

Hirseplätzchen und Gemüseketchup

Zutaten für 4 Portionen:
Für die Plätzchen: 200 g Hirse · 1 große Zwiebel (100 g) · 1 gehäufter EßI. Butter (20 g) · etwa ½ l Wasser · 1 Gemüsebrühwürfel · 1 Bund Petersilie, Schnittlauch oder Dill · 50 g Kürbiskerne oder Nüsse, frisch gerieben · 1–2 Eier · 50 g saure Sahne oder Quark oder 50 g Hartkäse, frisch gerieben · Salz · Streuwürze · 1 Prise Muskatnuß, frisch gerieben
Für den Ketchup: 50 g Knollensellerie · 1 Schalotte oder 1 kleine Zwiebel · etwa ⅛ l Wasser · ½ Teel. Agar-Agar oder 1 Teel. Wildpfeilwurzelmehl, ersatzweise Kartoffelstärke · 1 grüne Paprikaschote · 1 mittelgroßer Apfel · etwa 50 ccm Obstessig · ½–1 Teel. Ahornsirup oder heller Honig · 1 EßI. Dill oder Petersilie, frisch gehackt · Currypulver · Salz
Zum Braten: Butterschmalz oder Öl
Pro Portion etwa 1700 kJ/400 kcal
10 g Eiweiß · 21 g Fett · 46 g Kohlenhydrate · 7 g Ballaststoffe

Zubereitungszeit: etwa 45 Minuten

Knusprige Pfannengerichte

- Die Hirse verlesen, in einem Sieb heiß abspülen und abtropfen lassen.
- Die Zwiebel schälen, abspülen, halbieren und fein würfeln. In einem Topf die Butter aufschäumen lassen. Die Zwiebelwürfel dazugeben und glasig braten.
- Die Hirse hineinstreuen. Das Wasser aufgießen und den zerdrückten Gemüsebrühwürfel hineinrühren. Den Deckel auflegen und die Hirse etwa 5 Minuten kochen lassen. Danach bei schwacher Hitze oder in einer Spar-Gar-Box/Kochkiste 25–30 Minuten ausquellen lassen. Wenn durch zu starkes Kochen zuviel Flüssigkeit verdunstet sein sollte, etwas Wasser nachgießen.
- Inzwischen für den Ketchup das Selleriestück schälen, abspülen und fein würfeln. Die Schalotte oder die Zwiebel schälen, abspülen und fein schneiden. Die Sellerie- und die Schalotten- oder Zwiebelstückchen mit dem Wasser in einen kleinen Topf geben und 5–7 Minuten schwach kochen lassen, bis die Selleriestücke weich sind. Das Agar-Agar oder das Wildpfeilwurzelmehl mit wenig Wasser anrühren, in die Selleriemischung rühren und noch 1–2 Minuten mitkochen lassen. Dann alles leicht abkühlen lassen und in einen Mixbecher gießen.
- Die Paprikaschote waschen, den Stielansatz abschneiden und die Kerne sorgfältig herausholen. Die Schote in kleine Stücke schneiden. Den Apfel waschen, abtrocknen, vierteln und vom Kernhaus befreien. Die Paprika- und die Apfelstücke, den Essig, den Ahornsirup oder den Honig und den Dill oder die Petersilie zu den anderen Zutaten in den Mixbecher geben und mit dem Mixstab pürieren. Der Ketchup soll sämig sein, eventuell noch etwas Flüssigkeit hinzufügen. Mit Curry und Salz abschmecken.
- Die Hirsemasse leicht abkühlen lassen.
- Die Kräuter, die Kürbiskerne oder Nüsse, das Ei und die Sahne, den Quark oder den Käse hineinrühren. Die Mischung mit Salz, Streuwürze und dem Muskat abschmecken. Mit nassen Händen aus dem Hirseteig Küchlein formen.
- In einer Pfanne etwas Butterschmalz oder Öl erhitzen und die Küchlein darin auf beiden Seiten bei mittlerer Hitze goldbraun braten. Zusammen mit dem Ketchup servieren.

Braucht etwas Zeit · Für Gäste

Crêpes, mit China-Gemüse gefüllt

Diese feinen Pfannkuchen gelingen am besten mit dem kleberreichen Dinkel, da sich dieser feiner ausmahlen läßt als Weizen.

Zutaten für 4 Portionen:
Für den Teig: 160 g Dinkel, ersatzweise Weizen, sehr fein gemahlen · 1–2 Eier · etwa 400 ccm Wasser oder kohlensäurereiches Mineralwasser · 1 gestrichener Teel. Salz
Für die Füllung: 10 g getrocknete Mu-Err Pilze, ersatzweise 200 g frische Champignons · 500 g Weißkohl oder Chinakohl, eine Sorte oder gemischt · 1 kleine Stange Lauch (100 g) · 2 mittelgroße Zwiebeln · 100–200 g Cashewkerne · 4–6 Eßl. kaltgepreßtes Sonnenblumenöl · 2 Knoblauchzehen · 1 Teel. frische Ingwerknolle, gerieben, ersatzweise Ingwerpulver · Salz · schwarzer Pfeffer, frisch gemahlen · Streuwürze · 3–4 Eßl. Sojasauce · 2–3 Eßl. Medium Sherry oder chinesischer Reiswein · etwa ¼ l Gemüsebrühe · 1 Eßl. Wildpfeilwurzelmehl, ersatzweise Kartoffelstärke · 1–2 Teel. Sesamöl, falls vorhanden
Zum Backen: Butterschmalz oder Öl
Pro Portion etwa: 2000 kJ/480 kcal
14 g Eiweiß · 26 g Fett · 44 g Kohlenhydrate · 9 g Ballaststoffe

Knusprige Pfannengerichte

Zubereitungszeit: etwa 1 Stunde

- Für den Teig das Dinkel- oder Weizenmehl mit dem Ei, dem Wasser oder Mineralwasser und dem Salz zu einem relativ flüssigen Teig verrühren. Den Teig 30–40 Minuten quellen lassen.
- Inzwischen für die Füllung die Trockenpilze mit etwa ¼ l kochendem Wasser überbrühen und aufquellen lassen.
- Den Weißkohl oder Chinakohl von schlechten Blättern und dem Strunk befreien (bei Chinakohl nicht nötig). Den Kohl gründlich abspülen und in ½ cm breite Streifen schneiden.
- Vom Lauch schlechte Blätter und die Wurzeln abschneiden. Die Lauchstange längs halbieren und zwischen den einzelnen Blättern unter fließendem Wasser gründlich waschen. Die Lauchhälften quer in etwa ½ cm breite Streifen schneiden.
- Die Zwiebeln schälen, abspülen, halbieren und fein würfeln.
- Die eingeweichten Pilze abgießen, gründlich waschen und wenn nötig schlechte Stellen entfernen. Oder die frischen Champignons putzen, wenn nötig kurz unter fließendem Wasser waschen und bei großen Pilzen die Huthaut abziehen. Die Pilze in Scheiben oder kleine Stücke schneiden.
- Die Cashewkerne mit 1 Teelöffel Öl in einer großen Pfanne goldgelb anrösten. Dann auf einen Teller legen.
- In der Pfanne 3–4 Eßlöffel Öl erhitzen und die Zwiebelwürfel darin leicht anbräunen.
- Die Knoblauchzehen schälen, abspülen und in sehr feine Stückchen hacken. Den Knoblauch und den Ingwer zu den Zwiebeln geben und kurz mit anbraten.
- Die Pilze und die Kohlstreifen dazugeben, kurz anbraten. Etwas Salz, Pfeffer und Streuwürze hinzufügen. Die Sojasauce, den Sherry oder Reiswein und die Gemüsebrühe darangießen. Das Gemüse zugedeckt bei mittlerer Hitze in 15–20 Minuten nicht ganz weich garen.
- Den Backofen auf 50° einschalten (Gas Stufe ½) und einen Teller hineinstellen.
- In einer zweiten Pfanne wenig Öl oder Butterschmalz erhitzen, dann die Temperatur auf mittlere Stufe zurückschalten. Mit einer Schöpfkelle etwas Teig in die Pfanne geben und durch Schräghalten und Drehen dünn verlaufen lassen. Den Pfannkuchen auf beiden Seiten goldbraun backen. Auf diese Weise 8 Crêpes backen und im Backofen warm halten, bis alle gebacken sind.
- Die Lauchstreifen in die Gemüsepfanne geben und etwa 5 Minuten mitgaren.
- Das Gemüse abschmecken. Das Wildpfeilwurzelmehl oder die Kartoffelstärke in wenig kaltem Wasser anrühren und in das kochende Gemüse rühren. Sollte die Sauce zu stark eingekocht sein, noch etwas Brühe dazugießen. Nach Belieben das Sesamöl hineinrühren.
- Die Cashewkerne nach Belieben grobhacken und zum Gemüse geben. Die Crêpes mit dem Gemüse füllen und sofort servieren.

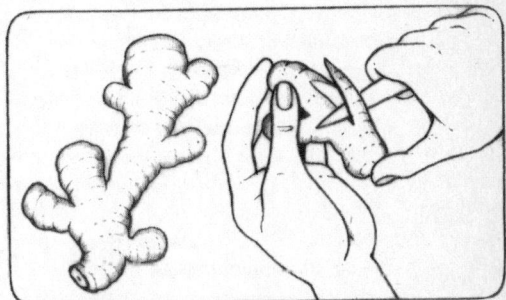

Frische Ingwerwurzel wird mit einem scharfen Messer geschält, und das faserige Fruchtfleisch wird dann gerieben oder ganz fein geschnitten.

Knusprige Pfannengerichte

Ganz einfach · Preiswert

Spinatpfannkuchen

Zutaten für 8 Pfannkuchen:
160 g Dinkel, ersatzweise Weizen, sehr fein gemahlen · 1-2 Eier · etwa 400 ccm Wasser oder kohlensäurereiches Mineralwasser · Salz · 100-150 g Spinatblätter · 1 gehäufter EßI. Butter (20 g) · 1 Prise Muskatnuß, frisch gerieben
Zum Braten: Butterschmalz oder Öl
Pro Stück etwa: 470 kJ/110 kcal
4 g Eiweiß · 6 g Fett · 13 g Kohlenhydrate ·
2 g Ballaststoffe

Zubereitungszeit: etwa 40 Minuten

- Das Dinkel- oder Weizenmehl mit dem Ei, dem Wasser oder Mineralwasser sowie 1 gestrichenen Teelöffel Salz zu einem relativ flüssigen Teig verrühren. Den Teig 30 Minuten quellen lassen.
- Inzwischen den Spinat verlesen, gründlich waschen und dicke Stiele entfernen (sie können für eine Gemüsebrühe verwendet werden). Die Blätter in ½ cm breite Streifen schneiden.
- In einer Deckelpfanne die Butter schmelzen lassen. Die Spinatstreifen mit 1-2 Eßlöffeln Wasser hineingeben und zugedeckt etwa 5 Minuten dünsten. Mit Salz und dem Muskat würzen. Den Spinat auf einen Teller geben und leicht abkühlen lassen.
- Den Backofen auf 50° einschalten (Gas Stufe ½) und eine Platte hineinstellen.
- In der Pfanne wenig Butterschmalz oder Öl verlaufen lassen. Den Spinat in den Teig rühren. Mit einem Schöpflöffel vom Teig kleine Portionen in die Pfanne setzen, verstreichen und bei nicht zu starker Hitze von einer Seite goldbraun backen. Die fertigen Pfannkuchen auf der Platte im Backofen warm halten.

Mit vorgekochtem Getreide

Körnige Küchlein mit Gemüse

Zutaten für 4 Portionen:
Für die Küchlein: 500 g gekochte Nacktgerste oder gekochter Reis (200 g ungegart) oder anderes Getreide · 2 Eier · 4 EßI. Hefeflocken · 50 g Hartkäse, frisch gerieben · 4 EßI. Petersilie oder Schnittlauch, frisch gehackt · 3-4 EßI. Vollkornbrösel oder Haferflocken · Salz · Streuwürze · weißer Pfeffer, frisch gemahlen
Für das Gemüse: 250 g Stangensellerie · 3 EßI. kaltgepreßtes Olivenöl · 1 Tasse Wasser oder Gemüsebrühe · 250 g Lauch · 250 g Tomaten · 1-2 Knoblauchzehen · Salz · Streuwürze · 2 EßI. Petersilie, frisch gehackt
Zum Braten: Butterschmalz oder Öl
Pro Portion etwa: 1800 kJ/430 kcal
20 g Eiweiß · 19 g Fett · 44 g Kohlenhydrate ·
9 g Ballaststoffe

Zubereitungszeit: etwa 40 Minuten

- Für die Küchlein das gekochte Getreide mit den Eiern, den Hefeflocken, dem Käse, der Petersilie oder dem Schnittlauch und den Bröseln oder Haferflocken vermischen. Mit Salz, Streuwürze und Pfeffer abschmecken. Die Masse soll geschmeidig, aber nicht zu weich sein.
- Etwas Butterschmalz oder Öl in einer Pfanne erhitzen. Mit einem Löffel kleine Portionen hineinsetzen, glattstreichen und bei mittlerer Hitze auf beiden Seiten goldbraun braten.
- Für das Gemüse den Stangensellerie waschen, bei großen Stangen die faserige Außenhaut abziehen und die Stangen in 1 cm große Stücke schneiden.
- In einem Topf das Öl erhitzen, die Selleriestücke mit dem Wasser oder der Gemüsebrühe hineingeben und etwa 5 Minuten bei mittlerer Hitze zugedeckt dünsten.

Knusprige Pfannengerichte

• Inzwischen vom Lauch schlechte Blätter und die Wurzeln abschneiden. Die Stangen längs halbieren und unter fließendem Wasser gründlich zwischen den Blättern waschen. Den Lauch quer in 1 cm breite Streifen schneiden, in den Topf geben und mitdünsten.
• Die Tomaten am runden Ende kreuzweise einschneiden, kurz in kochendheißes Wasser legen. Man kann sie auch waschen, einritzen und für etwa 2 Minuten in den Topf auf das Gemüse legen, damit sich die Haut leicht ablösen läßt.
• Die Tomaten herausheben, leicht abkühlen lassen und die Haut abziehen. Die Tomaten würfeln, dabei die Stielansätze entfernen, und zum Gemüse in den Topf geben. Die Knoblauchzehe schälen, fein schneiden und ebenfalls dazugeben. Alles noch 4–5 Minuten kochen lassen.
• Das Gemüse mit Salz und Streuwürze abschmecken. Mit der Petersilie bestreuen.

Preiswert · Ganz einfach

Haferpfannkuchen mit Lauch-Mais-Gemüse

Zutaten für 4 Portionen:
Für den Teig: 120 g Nackthafer oder Vollkornhaferflocken, mittelfein gemahlen · 2 Eier · 250–300 ccm Milch · Salz · 50 g Nackthafer, mittelgrob geschrotet oder Vollkornhaferflocken · 2 Teel. Butter
Für das Gemüse: 500 g Lauch · 2 gehäufte Eßl. Butter (40 g) · 100 g Maiskörner, frisch von einem Zuckermaiskolben oder aus der Dose · 20 g Naturreis, fein gemahlen, oder 30 g Sojamehl, vollfett · etwa ½ l Milch · 100 g Sahne · Kräutersalz · Streuwürze · Muskatnuß, frisch gerieben · ½ Teel. Currypulver · 1 Bund Petersilie oder Schnittlauch
Zum Braten: Butterschmalz oder Öl

Pro Portion etwa: 2700 kJ/640 kcal
20 g Eiweiß · 36 g Fett · 61 g Kohlenhydrate · 7 g Ballaststoffe

Zubereitungszeit: etwa 45 Minuten

• Für den Teig das Hafermehl mit den Eiern, der Milch und etwas Salz verrühren. Den Teig 20 Minuten quellen lassen.
• Den Haferschrot oder die Haferflocken in der Butter leicht anrösten und in den Teig rühren. Falls der Teig zu dick ist, eventuell noch etwas Milch hineinrühren; er soll aber dickflüssig sein.
• Für das Gemüse vom Lauch schlechte Blätter und die Wurzeln abschneiden. Die Lauchstange längs halbieren und unter fließendem Wasser gründlich zwischen den Blättern waschen. Die Lauchhälften quer in 3–5 mm breite Streifen schneiden.
• Die Butter in einem mittelgroßen Topf schmelzen lassen. Die Lauchstreifen und die Maiskörner dazugeben und kurz andünsten. Das Reis- oder Sojamehl darüberstäuben. Die Milch und die Sahne hineinrühren und in 5–7 Minuten leicht einkochen lassen. Das Gemüse mit Kräutersalz, Streuwürze, Muskat und dem Curry abschmecken.
• Inzwischen den Backofen auf 50° einschalten (Gas Stufe ½) und einen Teller hineinstellen.
• In einer Pfanne etwas Butterschmalz oder Öl erhitzen. Mit einer Schöpfkelle etwas Teig in die Pfanne geben und durch Schräghalten und Drehen zu einem Pfannkuchen verlaufen lassen. Auf diese Weise 8 Pfannkuchen von beiden Seiten goldbraun backen. Die fertigen Pfannkuchen auf dem Teller im Backofen warm halten.
• Die Petersilie oder den Schnittlauch waschen, trockenschütteln, fein schneiden und in das Gemüse rühren.
• Die Pfannkuchen mit dem Lauch-Mais-Gemüse füllen oder das Gemüse getrennt dazu reichen.

Knusprige Pfannengerichte

Schnell · Preiswert · Glutenfrei

Buchweizenküchlein mit Tomaten und Käse

Bild Umschlag-Rückseite

Zutaten für etwa 12 Küchlein:
200 g Buchweizen, mittelgrob (grießartig) geschrotet · 2 Eier · 1 gestrichener Teel. Salz · 50–75 ccm Milch oder Sahne · 1 Zwiebel · 250 g frische Champignons oder Zucchini · 1 Bund Schnittlauch · 1 Bund Petersilie · eventuell 50 g Emmentaler Käse, frisch gerieben · 1 Teel. Tomatenmark oder Senf · ½ Teel. Currypulver · 2–3 Tomaten · 2 große Scheiben Emmentaler Käse
Zum Braten: Butterschmalz oder Öl
Pro Stück etwa: 580 kJ/140 kcal
8 g Eiweiß · 7 g Fett · 13 g Kohlenhydrate · 2 g Ballaststoffe

Zubereitungszeit: etwa 30 Minuten

- Den Buchweizenschrot mit den Eiern und dem Salz verrühren. Dann so viel Milch oder Sahne hineinrühren, daß ein geschmeidiger, nicht zu weicher Teig entsteht. Den Teig etwa 15 Minuten quellen lassen.
- Inzwischen die Zwiebel schälen, abspülen und achteln. Die Pilze putzen und wenn nötig unter fließendem Wasser abspülen; eventuell grob zerkleinern. Oder die Zucchini von Stiel- und Blütenansätzen befreien und in grobe Stücke schneiden.
- Die Zwiebelachtel und die Pilz- oder die Zucchinistücke im Elektrohacker oder mit dem Mixstab fein zerkleinern und in den Teig rühren.
- Den Schnittlauch und die Petersilie waschen, trockenschütteln, einige Petersilienblättchen zum Garnieren beiseite legen, die übrige Petersilie und den Schnittlauch fein schneiden. Die Kräuter, nach Belieben den Käse und das Tomatenmark oder den Senf unter den Teig rühren. Mit dem Currypulver würzen.
- Möglichst in zwei Pfannen gleichzeitig etwas Butterschmalz oder Öl erhitzen. Mit einem Löffel kleine Portionen in die Pfanne setzen und bei mittlerer Hitze auf beiden Seiten goldbraun braten.
- Inzwischen die Tomaten waschen, abtrocknen und in Scheiben schneiden, dabei den Stielansatz entfernen. Die Käsescheiben in kleine Streifen oder Quadrate schneiden.
- Auf jedes gebratene Küchlein eine Tomatenscheibe und darüber ein Stück Käse legen. Einen Deckel auf die Pfanne legen und den Käse in 2–3 Minuten schmelzen lassen.
- Mit den Petersilienblättchen garnieren.

Das paßt dazu: ein frischer, saftiger Salat und/oder eine Kräuterquarksauce.

Tip: Zum Braten von Pfannkuchen oder Getreidebratlingen eignen sich am besten Pfannen mit Antihaftbeschichtung. Wenn Sie eine Edelstahl- oder Gußeisenpfanne verwenden, ist es wichtig, daß die Brathitze nicht zu hoch ist. Auch sollten Pfannkuchen oder Bratlinge erst gewendet werden, wenn die Kruste auf einer Seite goldbraun und fest ist, damit sie beim Wenden schön ganz bleiben. Damit nichts anhängt, ist es wichtig, daß Sie Bratpfannen möglichst nur mit heißem Wasser, nie mit Spülmittel reinigen.

Duftend und knusprig kommen die Grünkern-Zucchini-Brötchen und die schwäbischen Kümmelstangen aus dem Backofen. Sie gelingen ganz leicht und schmecken am besten frisch, mit Butter bestrichen. Rezepte Seite 85 und 87.

Knusprige Pfannengerichte

Ganz einfach · Glutenfrei

Buchweizenblinis und Kräuterquark

Bild nebenstehend

Diese Pfannkuchen aus der traditionellen russischen Küche schmecken nicht nur mit Kaviar! Servieren Sie sie zu einem großen Salatteller und dazu frischen Kräuterquark – oder als Dessert (halbe Teigmenge) mit Honigsahne und frischem Fruchtpüree oder Kompott.

Zutaten für 4 Portionen:
Für den Teig: 300–350 ccm Wasser oder Milch · 10 g Hefe · 1 Ei · Salz · 300 g Buchweizen, fein gemahlen
Für die Kräuterquarkcreme: 250 g Sahnequark oder Quark mit 20% Fett · etwa 50 g Sahne oder Milch · 1 Schalotte oder 1 kleine Zwiebel · 3–4 EßI. Schnittlauch, Petersilie oder Kresse, eine Sorte oder gemischt, frisch gehackt · 1 Prise Kümmel · Salz · Streuwürze · ¼ unbehandelte Salatgurke (100 g) oder 1–2 Tomaten oder einige Radieschen
Zum Backen: Öl oder Butterschmalz
Pro Portion etwa: 1900 kJ/450 kcal
17 g Eiweiß · 18 g Fett · 57 g Kohlenhydrate · 4 g Ballaststoffe

Zubereitungszeit: etwa 45 Minuten

◁ Buchweizen mit seinem nußartigen Aroma eignet sich besonders gut für Knuspriges aus der Pfanne. Groß und klein mögen Buchweizenblinis, als leichte Mahlzeit mit würzigem Kräuterquark oder als Dessert mit Fruchtsahne (siehe Variante). Rezept auf dieser Seite.

- Für den Teig das Wasser oder die Milch in eine Schüssel gießen und mit der zerbröckelten Hefe, dem Ei sowie etwas Salz verrühren. Das Buchweizenmehl hineinrühren. Den Teig zugedeckt etwa 30 Minuten quellen und leicht gehen lassen.
- Inzwischen für die Quarkcreme den Quark mit der Sahne oder der Milch geschmeidig rühren. Die Schalotte oder die Zwiebel schälen, abspülen, halbieren, fein schneiden und zum Quark geben. Die Kräuter und die Kümmelkörner hineinrühren. Die Creme mit Salz und Streuwürze abschmecken.
- Die Gurke waschen und mittelgrob raspeln. Oder die Tomaten waschen, halbieren und in kleine Stücke schneiden, dabei den Stielansatz entfernen. Oder die Radieschen putzen, waschen und fein schneiden. Die Gurken-, die Tomaten- oder die Radieschenstücke unter die Quarkcreme rühren.
- Den gegangenen Pfannkuchenteig umrühren; er sollte dickflüssig sein. Wenn nötig noch etwas Milch oder Wasser hinzufügen.
- In einer Pfanne etwas Öl oder Butterschmalz erhitzen. Mit einem Schöpflöffel kleine Teigportionen in die Pfanne setzen und zu handtellergroßen Küchlein auseinanderlaufen lassen. Die Blinis von beiden Seiten goldbraun backen und auf einem Teller in den auf 50° (Gas Stufe ½) erwärmten Backofen stellen, bis alle Blinis fertiggebacken sind.
- Die Blinis mit dem Kräuterquark anrichten.

Variante: Blinis und Fruchtsahne
200 g Sahne mit etwas hellem Honig oder Ahornsirup steif schlagen. Etwa 250 g weiche Früchte, zum Beispiel Erdbeeren, Heidelbeeren, Bananen oder Pfirsiche, vorbereiten und in kleine Stücke schneiden. Die Fruchtstücke in einen Mixbecher geben und mit einem Mixstab pürieren. Das Püree locker unter die Sahne heben und sofort zu den Blinis servieren.

Knusprige Pfannengerichte

Ganz einfach · Raffiniert · Glutenfrei

Gefüllte Hirsepfannkuchen

Zutaten für 4 Portionen:
Für die Pfannkuchen: 125 g Hirseflocken · etwa ¼ l Milch · 3 Eier · Salz · 1 Prise Muskatnuß, frisch gerieben · 1 Bund Schnittlauch oder Petersilie
Für die Füllung: 500 g Spargel, möglichst gleichmäßige mitteldicke Stangen · 2 gehäufte Eßl. Butter (40 g) · 40 g Naturreis, fein gemahlen · knapp ½ l Wasser · 150–200 g Sahne · Salz · Streuwürze · Muskatnuß, frisch gerieben · 100 g Mungobohnensprossen (siehe Seite 11) oder Zuckererbsen/Zuckerschoten oder Perlerbsen
Zum Braten: Butterschmalz oder Olivenöl
Pro Portion etwa: 2000 kJ/480 kcal
15 g Eiweiß · 32 g Fett · 35 g Kohlenhydrate · 4 g Ballaststoffe

Zubereitungszeit: etwa 1 Stunde

- Für die Pfannkuchen die Hirseflocken mit der Milch, den Eiern, etwas Salz und dem Muskat verquirlen und quellen lassen.
- Inzwischen für die Füllung den Spargel waschen und gründlich schälen, dabei holzige Enden abschneiden. Die Spargelstangen in etwa 3 cm lange Stücke schneiden, die Köpfe beiseite legen.
- In einem großen Topf die Butter aufschäumen lassen. Das Reismehl hineinrühren. Mit dem Wasser und der Sahne aufgießen und mit 1 Prise Salz, Streuwürze sowie Muskat würzen.
- Die Spargelstücke in den Topf geben und zugedeckt bei mittlerer Hitze etwa 10 Minuten garen. Dabei gelegentlich umrühren.
- Die Sprossen verlesen und abspülen oder die Zuckererbsen waschen. Die Spargelköpfe und die Erbsen oder Sprossen zum Spargelgemüse geben und noch etwa 5 Minuten mitkochen lassen. Dann beiseite stellen.
- Inzwischen den Schnittlauch oder die Petersilie waschen, trockenschütteln und fein hacken. Die Hälfte der Kräuter in den Pfannkuchenteig rühren.
- Den Backofen auf 50° einschalten (Gas Stufe ½) und eine Platte hineinstellen.
- Möglichst in 2 Pfannen wenig Butterschmalz oder Öl erhitzen. Mit einem Schöpflöffel etwas Teig in jede Pfanne geben und durch Schräghalten und Drehen verlaufen lassen. Auf diese Weise 8 Pfannkuchen auf beiden Seiten goldbraun backen. Die fertigen Pfannkuchen zum Warmhalten auf die Platte im Backofen legen, bis alle gebacken sind.
- Das Gemüse kurz wieder erwärmen. Die restlichen Kräuter hineinstreuen und abschmecken.
- Die Pfannkuchen mit dem Spargelragout füllen und sofort servieren.

Variante: Wenn Sie als Dessert süße Hirsepfannkuchen servieren möchten, dann bereiten Sie die halbe Menge zu, lassen die Gewürze und die Kräuter weg und aromatisieren mit etwas Honig oder Ahornsirup. Servieren Sie dazu einfach einen Obstsalat, ein Fruchtpüree (wie für die Fruchtsahne Seite 55) oder eine Bananen-Zimt-Sauce (Rezept Seite 77).

Preiswert · Einfach abzuwandeln

Schrotplätzchen mit Senfsauce und Möhren-Lauch

Zutaten für 4 Portionen:
Für die Plätzchen: 200 g Nacktgerste · 1–2 Teel. Koriander oder Kümmel · 1 große Zwiebel (100 g) · 1 Knoblauchzehe · 100–200 g Suppengrün (Lauch, Sellerie und

Knusprige Pfannengerichte

Möhre) · 2 gehäufte Eßl. Butter (40 g) ·
500-600 ccm Gemüsebrühe aus Würfeln ·
1 Prise Currypulver · Salz oder Kräutersalz ·
1 Bund Schnittlauch oder Petersilie · 1-2 Eßl.
Sahne oder Milch oder 1-2 Eier
Für das Gemüse: 500 g Möhren · 1 mittelgroße
Stange Lauch (200 g) · ½ Tasse Wasser ·
2 Teel. Butter · Salz · Streuwürze
Für die Sauce: 2 Eßl. Butter · 30 g Naturreis,
fein gemahlen · ⅛ l Milch · 100 g Sahne oder
Crème fraîche · 2-3 Eßl. mittelscharfer Senf ·
Salz
Zum Braten: Butterschmalz oder Öl
Zum Garnieren: 1 Kästchen Kresse (50 g)
Pro Portion etwa: 2300 kJ/550 kcal
13 g Eiweiß · 33 g Fett · 49 g Kohlenhydrate ·
11 g Ballaststoffe

Zubereitungszeit: etwa 1 Stunde

• Für die Plätzchen die Gerste zusammen mit dem Koriander oder dem Kümmel mittelgrob schroten.
• Die Zwiebel und die Knoblauchzehe schälen, abspülen und fein hacken. Das Suppengrün putzen, waschen und sehr fein schneiden oder in einem Elektrohacker zerkleinern.
• Die Butter in einem Topf aufschäumen lassen. Die gehackte Zwiebel mit dem Knoblauch darin glasig braten. Das Suppengrün dazugeben und kurz anbraten.
• Den Schrot hineinrühren, die Gemüsebrühe dazugießen, die Masse glattrühren und kurz aufkochen lassen. Dann den Schrot zugedeckt bei mittlerer Hitze in 20 Minuten zu einer festen Masse ausquellen lassen, dabei ab und zu umrühren.
• Inzwischen für das Gemüse die Möhren gründlich waschen, schaben oder dünn schälen und in 5 mm dicke Scheiben schneiden oder hobeln. Vom Lauch schlechte Blätter und die Wurzeln abschneiden. Die Stange längs halbieren und unter fließendem Wasser gründlich zwischen den Blättern waschen. Den Lauch quer in 5 mm breite Streifen schneiden.
• Die Möhren mit dem Wasser und der Butter in einen dichtschließenden Topf geben und 5-7 Minuten schwach kochen lassen.
• Den Schrotbrei mit dem Currypulver, etwas Salz oder Kräutersalz würzen und leicht abkühlen lassen.
• Den Schnittlauch oder die Petersilie waschen, trockenschütteln, fein schneiden und ebenso wie die Sahne oder die Eier in die Getreidemasse rühren.
• Die Lauchstreifen zu den Möhren geben und 3-4 Minuten mitkochen lassen. Das Gemüse mit Salz und Streuwürze abschmecken.
• In einer möglichst beschichteten Pfanne etwas Butterschmalz oder Öl erhitzen. Mit nassen Händen aus dem Teig kleine Plätzchen formen und bei mittlerer Hitze auf beiden Seiten knusprig hellbraun braten.
• Daneben für die Sauce die Butter in einem kleinen Topf aufschäumen lassen. Das Reismehl hineinstreuen und 1-2 Minuten leicht anschwitzen. Die Milch, die Sahne oder die Crème fraîche und den Senf hineinrühren und die Sauce etwa 10 Minuten schwach kochen lassen, bis sie dickflüssig ist.
• Die Kresse im Kästchen abspülen (dabei das Kästchen schräg halten), abtropfen lassen und abschneiden.
• Die Schrotplätzchen mit dem Gemüse und der Sauce anrichten. Mit Kresse garnieren.

Tip: Sollte der Schrotbrei, weil die Hitze zu groß war, leicht am Topfboden festgebacken sein, so nehmen Sie den Topf vom Herd und lassen ihn zugedeckt etwa 5 Minuten stehen. Der Schrotbrei läßt sich dann leicht vom Topfboden lösen.

Varianten: Dieses Rezept läßt sich auch mit anderen geschroteten Getreidearten zubereiten.

Nudeln und Spätzle

Wenn Sie Nudelfan sind, dann sollten Sie Dinkel und Hartweizen für die Zubereitung Ihrer hausgemachten Nudeln entdecken. Der unvergleichliche Geschmack und die Konsistenz werden Sie überzeugen. Wenn Sie Nudeln in einer elektrischen Nudelmaschine herstellen wollen, sollte der Teig etwas trockener sein als für Handarbeit. Richten Sie sich dabei nach den Herstellerangaben Ihrer Maschine.

Raffiniert · Braucht etwas Zeit

Dinkelnudeln mit Pilzsahne

Zutaten für 4 Portionen:
*Für den Teig: 250 g Dinkel, sehr fein gemahlen ·
1 Ei · Salz · 6–8 Eßl. Wasser · 1 Eßl. Öl
Für die Sauce: 1 Schalotte oder 1 kleine
Zwiebel · 1 Knoblauchzehe · 1 gehäufter Eßl.
Butterschmalz (20 g) · 250 g frische Steinpilze
oder braune Champignons (Egerlinge) ·
150–200 g Sahne · 1 Teel. Steinpilzbrühe- oder
Gemüsebrühepaste · Streuwürze ·
1–2 Eßl. Hefeflocken · 10–20 g kalte Butter ·
1–2 Eßl. Petersilie, frisch gehackt*
Pro Portion etwa: 1800 kJ/430 kcal
12 g Eiweiß · 22 g Fett · 44 g Kohlenhydrate ·
7 g Ballaststoffe

Vorbereitungszeit für den Teig: etwa 1 Stunde
Zubereitungszeit: etwa 45 Minuten

• Für den Teig das Dinkelmehl in eine Rührschüssel oder auf die Arbeitsfläche schütten. Eine Mulde in das Mehl drücken und das Ei sowie ½ Teelöffel Salz mit den Knethaken des Handrührgerätes oder mit einer Gabel hineinrühren. So viel Wasser eßlöffelweise einarbeiten, daß ein nicht klebender Teig entsteht. Den Teig noch 3–4 Minuten kneten, bis er geschmeidig ist, dann zu einer Kugel formen, leicht einölen und abgedeckt bei Zimmertemperatur mindestens 45 Minuten stehenlassen, damit er gut quellen kann.

• Den Teig in 4 Portionen teilen und auf bemehlter Arbeitsfläche oder zwischen den Walzen einer Nudelmaschine 1–2 mm dick ausrollen. Die Teigflächen auf frischen Geschirrtüchern auslegen und etwa 30 Minuten leicht antrocknen lassen.

• Inzwischen für die Sauce die Schalotte oder die Zwiebel sowie die Knoblauchzehe schälen, abspülen, halbieren und sehr fein würfeln. Das Butterschmalz in einer großen Pfanne erhitzen (die Nudeln kommen später in die Pfanne dazu). Die Zwiebel- und Knoblauchwürfel darin anbraten. Die Pfanne beiseite stellen.

• In einem Topf etwa 2 l Wasser mit ½ Teelöffel Salz und dem Öl zum Kochen bringen.

• Die Teigflächen zusammenrollen und in etwa 1 cm breite Scheiben schneiden. Oder die Teigflächen mit einer Nudelmaschine zu Bandnudeln zerschneiden. Die geschnittenen Nudeln lockern, in das kochende Wasser geben und 3–5 Minuten garen.

• Ein Sieb auf eine Schüssel stellen (zum Auffangen des Nudelkochwassers). Die Nudeln abgießen und abtropfen lassen.

• Die Pilze putzen, nur wenn nötig kurz unter fließendem Wasser abspülen und in ½ cm dicke Scheiben schneiden.

• Die Pfanne mit den Zwiebeln wieder auf den Herd stellen und erhitzen. Die Pilzscheiben darin unter Wenden kurz anbraten. Etwa ¼ l Nudelkochwasser und die Sahne darangießen und etwas einkochen lassen.

• Die Steinpilz- oder die Gemüsebrühepaste, etwas Streuwürze und die Hefeflocken hineinrühren und abschmecken.

• Die Pfanne von der Kochstelle nehmen und die kalte Butter hineinrühren.

• Die Nudeln in die Pfanne geben, vorsichtig

Nudeln und Spätzle

unter die Pilzsahne mischen und mit der Petersilie bestreuen.

Tip: Damit Nudelteig beim Ausquellen nicht trocken werden kann, stülpen Sie eine kleine Schüssel darüber oder geben ihn in eine dicht schließende Dose oder packen ihn in Folie ein.

Raffiniert · Braucht etwas Zeit

Hafernudeln mit Wirsing in Morchelsauce
Bild Seite 71

Zutaten für 3–4 Portionen:
10–20 g getrocknete Morcheln · etwa ¼ l kochendes Wasser · 160 g Nackthafer · 50 g Dinkel oder Weizen, sehr fein gemahlen · 1 Ei · 3 Eßl. kaltgepreßtes Sonnenblumen- oder Olivenöl · Salz · 6–8 Eßl. Wasser · 2 Schalotten oder 2 kleine Zwiebeln · 1½–2 Eßl. Butter (30–40 g) · 1 kleiner Kopf Wirsing (etwa 400 g) · 1 Prise Muskatnuß, frisch gerieben · 100–150 g Sahne
Bei 3 Portionen pro Portion etwa: 2400 kJ/ 570 kcal
17 g Eiweiß · 31 g Fett · 54 g Kohlenhydrate · 9 g Ballaststoffe

Quellzeit für die Morcheln: 2–3 Stunden
Zubereitungszeit: etwa 1½ Stunden

- Die Morcheln mit dem kochenden Wasser übergießen und 2–3 Stunden quellen lassen.
- Inzwischen die Haferkörner in einer Pfanne ohne Fett 3–4 Minuten rösten, bis sie würzig duften. Danach abkühlen lassen.
- Den gerösteten Hafer fein mahlen.
- 150 g Hafermehl und das Dinkel- oder Weizenmehl mit dem Ei, 2 Eßlöffeln Öl und ½ Teelöffel Salz verkneten und so viel Wasser dazugeben, daß ein geschmeidiger Teig entsteht. Die Teigkugel leicht einölen und abgedeckt bei Zimmertemperatur etwa 30 Minuten stehen lassen.
- Inzwischen für das Gemüse die Schalotten oder Zwiebeln schälen, halbieren und würfeln.
- Die Hälfte der Butter in einem flachen Topf aufschäumen lassen. Die Schalotten- oder Zwiebelwürfel darin glasig braten, dann beiseite stellen.
- Vom Wirsingkopf die äußeren Blätter entfernen. Den Kopf unter fließendem Wasser abspülen, halbieren und den Strunk keilförmig herausschneiden. Den Wirsing in 3–4 mm breite Streifen schneiden. Die Kohlstreifen in eine Schüssel geben und zugedeckt beiseite stellen.
- Etwa 2 l Wasser mit 1 Teelöffel Salz und 1 Eßlöffel Öl zum Kochen bringen.
- Die Morcheln in ein Sieb abgießen und dabei das Einweichwasser auffangen. Die Morcheln unter fließendem Wasser gründlich abspülen und kleinschneiden. Das Einweichwasser durch einen Papierfilter gießen und beiseite stellen.
- Den Nudelteig in vier Portionen teilen und auf bemehlter Fläche etwa 2 mm dick ausrollen oder durch eine Nudelmaschine drehen. Sollte der Teig zu brüchig sein, noch etwas Wasser darunterkneten, damit er elastisch wird.
- Mit einem Messer oder einem Teigrädchen den Teig zuerst in etwa 5 cm breite Streifen schneiden. Diese wiederum in etwa 2 cm breite Rechtecke teilen. Die Teigstücke mit Daumen und Zeigefinger in der Mitte zu »Schleifchen« zusammendrücken (siehe Farbfoto Seite 71).
- Den Topf mit den Schalotten- oder Zwiebelwürfeln wieder erhitzen. Die Morchelstücke, die Wirsingstreifen bis auf einen kleinen Rest und das Pilzeinweichwasser (eventuell mit Wasser auf 150 ccm ergänzt) dazugeben. Das Gemüse zugedeckt etwa 10 Minuten bei mittlerer Hitze dünsten; es soll noch knackig sein.

Nudeln und Spätzle

- Währenddessen die Nudelschleifchen in 2-3 Portionen in das kochende Wasser geben und etwa 4 Minuten kochen lassen. Die fertigen Nudeln mit einem Schaumlöffel aus dem Topf heben, in einem Sieb kurz abspülen, in eine Schüssel geben und in dem auf 50° eingeschalteten Backofen (Gas Stufe ½) warm halten. Die Teller zum Anwärmen ebenfalls hineinstellen.
- Den Wirsing mit dem Muskat und Salz würzen. Die Sahne und die restliche Butter dazugeben. Mit dem restlichen Hafermehl unter Rühren andicken und abschmecken.
- Die Nudelschleifchen auf den vorgewärmten Tellern anrichten, das Gemüse mit der Sauce in die Mitte verteilen und mit den restlichen frischen Wirsingstreifen garnieren.

Raffiniert · Einfach abzuwandeln

Spinatspätzle mit Käsesauce

Auch Tomatenmark (3-4 Eßlöffel) paßt statt Spinat in den Teig.

Zutaten für 4 Portionen:
Für den Teig: 400 g Dinkel oder 200 g Dinkel und 200 g Weizen, sehr fein gemahlen · Salz · 1 Prise Muskatnuß, frisch gerieben · 2-3 Eier · etwa ¼ l kohlensäurehaltiges Mineralwasser · 250 g Spinat · 1 Eßl. Öl
Für die Sauce: 1 gehäufter Eßl. Butter (20 g) · 100 ccm Wasser · 150 g Sahne oder Milch · 1-1½ Eßl. Reis oder Dinkel, sehr fein gemahlen · 100 g würziger Käse oder Käsereste, frisch gerieben oder kleingeschnitten · Salz · Streuwürze
Pro Portion etwa: 2700 kJ/640 kcal
25 g Eiweiß · 30 g Fett · 67 g Kohlenhydrate · 10 g Ballaststoffe

Zubereitungszeit: etwa 50 Minuten

- Für den Teig das Mehl in eine Rührschüssel geben. 1½ Teelöffel Salz, den Muskat und die Eier dazugeben. So viel Mineralwasser hineinrühren, daß ein geschmeidiger, nicht zu weicher Teig entsteht. Mit dem Rührlöffel oder den Knethaken des Rührgerätes den Teig so lange durchschlagen, bis er Blasen wirft.
- Den Spinat verlesen, gründlich waschen. Noch tropfnaß in einen Topf geben und zugedeckt 2-3 Minuten dünsten, bis er zusammengefallen ist. Die Blätter herausheben, abtropfen lassen und leicht abkühlen lassen. Die Spinatblätter mit einem großen Messer sehr fein hakken und in den Teig rühren. Diesen dann etwa 20 Minuten quellen lassen.
- Inzwischen für die Sauce in einem kleinen Topf die Butter zerlaufen lassen. Das Wasser und die Sahne oder Milch angießen. Das Reis- oder Dinkelmehl hineinrühren und aufkochen lassen. Den Käse dazugeben und schmelzen lassen. Die Temperatur zurückschalten. Die Sauce mit Salz und Streuwürze abschmecken und warm halten; von Zeit zu Zeit umrühren.
- In einem großen Topf Wasser zum Kochen bringen. 1 Prise Salz und das Öl dazugeben.
- Den gequollenen Spätzleteig nochmals durchschlagen. Sollte er zu fest sein, noch etwas Mineralwasser hineinrühren. Einen Teil des Teiges auf das nasse Spatzenbrett streichen und mit einem Spatzenschaber oder einem großen Messer etwa ½ cm breite Streifen in das kochende Salzwasser schaben. Oder den Teig mit einem Spätzlesieb oder einer Spätzlepresse verarbeiten. Die Spätzle, wenn sie hochsteigen, noch kurz aufkochen lassen, dann mit einem Schaumlöffel herausnehmen und in ein Sieb zum Abtropfen geben. Aus dem restlichen Teig in weiteren Portionen Spätzle kochen.
- Die Spätzle im Sieb durchschütteln oder kurz mit heißem Wasser überspülen, damit sie nicht zusammenkleben. Dann in eine Servierschüssel geben und die Käsesauce dazu reichen.

Nudeln und Spätzle

Preiswert · Braucht etwas Zeit · Raffiniert

Buchweizennudeln und Spinat mit knusprigen Samen

Zutaten für 4 Portionen:
100 g Buchweizen, fein gemahlen · 100 g Dinkel, Weizen oder Hartweizen, fein gemahlen · 1 Ei · Salz · 6-8 Eßl. Wasser · 50 g Buchweizen · 500 g Spinatblätter · 1-2 Knoblauchzehen · 2-3 Eßl. kaltgepreßtes Oliven- oder Sonnenblumenöl · 50 g Sesamsamen · 50 g Sonnenblumenkerne · 50 g Parmesankäse, frisch gerieben und/oder 50 g Sahne · 1 Bund Petersilie · schwarzer Pfeffer, frisch gemahlen
Pro Portion etwa: 2200 kJ/520 kcal
22 g Eiweiß · 27 g Fett · 47 g Kohlenhydrate · 9 g Ballaststoffe

Vorbereitungszeit für den Teig: etwa 1 Stunde
Zubereitungszeit: etwa 45 Minuten

• Für den Teig die verschiedenen Mehlsorten in eine Rührschüssel oder auf die Arbeitsfläche schütten. Eine Mulde in das Mehl drücken und das Ei sowie ½ Teelöffel Salz mit den Knethaken des Handrührgerätes oder mit einer Gabel hineinrühren. So viel Wasser eßlöffelweise einarbeiten, bis ein nicht klebender Teig entsteht. Den Teig noch 3-4 Minuten kneten, bis er geschmeidig ist, dann zu einer Kugel formen und leicht einölen. Unter einer Schüssel, in Folie gewickelt, oder in einer dicht schließenden Dose bei Zimmertemperatur mindestens 45 Minuten stehenlassen, damit der Teig quellen kann.
• Inzwischen die Buchweizenkörner in heißem Wasser einweichen und etwa 20 Minuten quellen lassen.
• Den Nudelteig in 4 Portionen teilen und auf bemehlter Arbeitsfläche oder zwischen den Walzen einer Nudelmaschine 2-3 mm dünn ausrollen. Wenn der Teig mit der Maschine ausgerollt wird, reißt er nicht so leicht. Die Teigflächen auf frischen Geschirrtüchern auslegen und 15-30 Minuten leicht antrocknen lassen.
• Den Spinat verlesen, gründlich waschen und auf einem großen Brett in 1 cm breite Streifen schneiden. Die Knoblauchzehe schälen, abspülen und fein schneiden.
• Den Buchweizen abgießen, auf ein frisches Geschirrtuch schütten und trockentupfen.
• Das Öl in einer großen Pfanne erhitzen (die Nudeln kommen später in die Pfanne dazu). Den Sesam, die Sonnenblumenkerne und den Buchweizen darin leicht anrösten. Den Knoblauch dazugeben und glasig braten. Die Pfanne beiseite stellen.
• In einem ausreichend großen Topf etwa 2 l Wasser mit 1 Teelöffel Salz zum Kochen bringen.
• Die Teigflächen der Länge nach zusammenrollen und in etwa 1 cm dicke Scheiben schneiden. Oder die Teigflächen mit einer Nudelmaschine zu Bandnudeln zerschneiden. Die geschnittenen Nudeln lockern, in das kochende Wasser geben und 3-5 Minuten garen.
• Die Pfanne wieder auf den Herd stellen. Den Spinat hineingeben und etwa 5 Minuten darin dünsten.
• Die Nudeln in ein Sieb abgießen (das Kochwasser auffangen), abtropfen lassen und in die Pfanne geben. Den Käse und/oder die Sahne einrühren. Nach Belieben noch etwas Nudelkochwasser angießen. Die Petersilie waschen, trockenschütteln, fein hacken und hineinrühren. Das Gericht mit Salz und Pfeffer abschmecken.

Nudeln und Spätzle

Raffiniert · Braucht etwas Zeit

Kräuternudeln mit Gemüse
Bild Umschlag-Rückseite

Zutaten für 4 Portionen:
Für den Teig: ½–1 Bund Petersilie ·
2–3 Eßl. Thymianblättchen, frisch gehackt, oder 2–3 Teel. getrockneter Thymian ·
5 Eßl. Wasser · 250 g Dinkel oder Hartweizen, sehr fein gemahlen · 1 Ei · Salz · 1 Eßl. Öl
Für das Gemüse: 500 g Zucchini · je 1 kleine gelbe und rote Paprikaschote · 1 Eßl. kaltgepreßtes Olivenöl · 1 Knoblauchzehe ·
100 g Sahne oder Crème fraîche · Streuwürze ·
1 Prise Currypulver · eventuell Salz
Pro Portion etwa: 1500 kJ/360 kcal
12 g Eiweiß · 14 g Fett · 45 g Kohlenhydrate ·
9 g Ballaststoffe

Vorbereitungszeit für den Teig: etwa 1¼ Stunden
Zubereitungszeit: etwa 1 Stunde

- Für den Teig die Petersilie waschen und trockenschütteln. Die Blättchen abzupfen und fein hacken. Die Petersilie mit dem Thymian – bis auf einen kleinen Rest – und dem Wasser in einen schmalen Mixbecher geben und mit dem Mixstab sehr fein zerkleinern beziehungsweise pürieren; notfalls geht es auch mit einem Mörser.
- Das Dinkel- oder Hartweizenmehl in eine Rührschüssel oder auf die Arbeitsfläche schütten. Eine Mulde in das Mehl drücken und das Ei sowie ½ Teelöffel Salz mit den Knethaken des Handrührgerätes oder mit einer Gabel hineinrühren. Die mit dem Wasser pürierten Kräuter ebenfalls hineinrühren. Den Teig gründlich kneten, bis er geschmeidig ist. Er sollte nicht kleben. Sollte der Teig zu trocken sein, noch 1–2 Eßlöffel Wasser dazugeben. Den Teig zu einer Kugel formen, leicht einölen und abgedeckt bei Zimmertemperatur mindestens 45 Minuten quellen lassen.
- Den Nudelteig in 4 Portionen teilen und auf bemehlter Arbeitsfläche oder zwischen den Walzen einer Nudelmaschine 1–2 mm dick ausrollen. Die Teigflächen auf frischen Geschirrtüchern auslegen und etwa 30 Minuten leicht antrocknen lassen.
- Inzwischen für das Gemüse die Zucchini waschen, von Stiel- und Blütenansätzen befreien und bis auf ein kleines Stück in ½ cm dicke Scheiben schneiden. Dicke Früchte zuvor ein- oder zweimal längs durchschneiden. Die Paprikaschoten gründlich waschen, den Stielansatz abschneiden und die Kerne entfernen. Die Schoten längs vierteln und in ½ cm breite Streifen schneiden.
- In einem Topf etwa 2 l Wasser mit ½ Teelöffel Salz und dem Öl zum Kochen bringen.
- Die Teigflächen zusammenrollen und etwa 1 cm breite Scheiben abschneiden. Oder die Teigflächen mit einer Nudelmaschine zu Bandnudeln zerschneiden. Die Nudeln lockern, in 2 oder 3 Portionen in das kochende Wasser geben und 3–5 Minuten garen.
- Die Nudeln mit einem Schaumlöffel aus dem Wasser nehmen, in ein Sieb geben und kurz mit warmem Wasser überbrausen, damit sie nicht zusammenkleben. Die Nudeln in eine Schüssel füllen und im auf 50° eingeschalteten Backofen (Gas Stufe ½) warm halten.
- Für das Gemüse in einem Topf das Öl erhitzen. Die Zucchinischeiben darin etwa 1 Minute anbraten. Die Knoblauchzehe schälen und durch die Presse ans Gemüse geben. Etwa 1 Tasse Nudelkochwasser dazugießen, den Deckel auflegen und das Gemüse bei schwacher Hitze etwa 3 Minuten garen. Die Paprikastreifen darunterrühren, die Sahne oder Crème fraîche angießen, mit Streuwürze und dem Cur-

Nudeln und Spätzle

ry würzen. Das Gemüse noch 3–4 Minuten kochen lassen. Den restlichen Zucchino fein raspeln und hineinrühren. Das Gemüse abschmecken, notfalls noch etwas Salz oder Streuwürze hinzufügen.
- Die Nudeln aus dem Backofen nehmen und zusammen mit dem Gemüse servieren.

Tip: Nudelteig können Sie nach Belieben oder Notwendigkeit auch ohne Ei herstellen. Sie müssen dann die Wassermenge etwas erhöhen.

Braucht etwas Zeit

Oberschwäbische Kässpätzle

Zutaten für 4 Portionen:
400 g Dinkel oder 200 g Dinkel und 200 g Weizen, sehr fein gemahlen · Salz · 1 Prise Muskatnuß, frisch gerieben · 2–3 Eier · etwa ¼ l kohlensäurehaltiges Mineralwasser · 100 g Emmentaler Käse · 100 g Appenzeller Käse · 100 g Bergkäse · 3–4 große Zwiebeln (400 g) · 1 gehäufter Eßl. Butter oder Butterschmalz (20 g) · 1 Eßl. Öl · 1 Bund Petersilie
Pro Portion etwa: 3000 kJ/710 kcal
36 g Eiweiß · 32 g Fett · 69 g Kohlenhydrate · 12 g Ballaststoffe

Vorbereitungszeit: etwa 40 Minuten
Backzeit: etwa 15 Minuten

- Das Mehl in eine Rührschüssel geben. 1 gestrichenen Teelöffel Salz, den Muskat und die Eier hinzufügen und so viel Mineralwasser hineinrühren, daß ein geschmeidiger, nicht zu weicher Teig entsteht. Mit dem Rührlöffel oder den Knethaken des Rührgerätes den Teig so lange durchschlagen, bis er Blasen wirft. Dann 20–30 Minuten quellen lassen.
- Inzwischen die verschiedenen Käsesorten reiben und mischen. Die Zwiebeln schälen, abspülen, in feine Ringe oder Streifen schneiden.
- In einer Pfanne die Butter oder das Butterschmalz erhitzen. Die Zwiebeln darin bei mittlerer Hitze goldbraun braten. Beiseite stellen.
- Einen großen Topf mit reichlich Wasser, 1 Prise Salz und dem Öl zum Kochen bringen.
- Die Petersilie waschen, trockenschütteln und hacken.
- Den Backofen auf 50° einschalten (Gas Stufe ½) und eine feuerfeste Schüssel oder Auflaufform hineinstellen.
- Den gequollenen Spätzleteig nochmals durchschlagen. Er sollte geschmeidig und weich sein; eventuell noch etwas Mineralwasser hineinrühren. Einen Teil des Teiges auf das nasse Spatzenbrett streichen und mit einem Spatzenschaber oder einem großen Messer etwa ½ cm breite Streifen in das kochende Salzwasser schaben. Oder den Teig durch eine Spätzlepresse oder ein Spätzlesieb ins Wasser geben. Die Spätzle, wenn sie hochsteigen, noch einmal kurz aufkochen lassen, dann mit einem Schaumlöffel herausnehmen, in einem Sieb abtropfen lassen und in die Schüssel oder Form geben. Einen Teil des Käses, der Röstzwiebeln und der Petersilie darüberstreuen.
- Den restlichen Teig in weiteren Portionen verarbeiten. Die Spätzle kochen und abwechselnd mit Käse, Zwiebeln und Petersilie einschichten. Mit einer Käseschicht abschließen.
- Den Backofen auf 160° schalten (Gas Stufe 2) und die Form auf die mittlere Schiene stellen. Die Spätzle etwa 15 Minuten überbacken, bis der Käse geschmolzen ist.
- Die Kässpätzle aus dem Backofen nehmen, mit restlichen Röstzwiebeln und restlicher Petersilie bestreuen und sofort servieren.

Aufläufe und Gratins

Getreide, als ganzes Korn oder geschrotet, läßt sich ganz hervorragend mit Gemüse, Obst oder Milchprodukten zu schmackhaften Aufläufen zusammenstellen. Getreideaufläufe können Sie sehr gut vorbereiten, wenn Sie das Getreide vorkochen oder Reste vom Vortag verwenden.

Ganz einfach · Raffiniert

Grünkern-Chicorée-Gratin

Zutaten für 4 Portionen:
200 g Grünkern · 400 ccm Wasser · ½ Teel. Salz · 4 große Stauden Chicorée (600–700 g) · 2 Tassen Gemüsebrühe · 2 Fleischtomaten (300 g) · 200 g Sahne · 150 g Emmentaler oder Parmesankäse, in Stücke geschnitten · 80 g Mandeln · 2 Eier · 1 Prise Streuwürze · 1 Prise weißer Pfeffer, frisch gemahlen · 2–3 Eßl. Petersilie, frisch gehackt
Für die Form: Öl oder Butter
Pro Portion etwa: 2700 kJ/640 kcal
28 g Eiweiß · 43 g Fett · 39 g Kohlenhydrate · 10 g Ballaststoffe

Einweichzeit: 1 Stunde
Vorbereitungszeit: etwa 50 Minuten
Backzeit: 15–20 Minuten

- Den Grünkern mit dem Wasser und dem Salz in einem Kochtopf 1 Stunde einweichen.
- Den Grünkern mit dem Einweichwasser etwa 5 Minuten zugedeckt kochen lassen. Dann bei schwacher Hitze oder in der Spar-Gar-Box/Kochkiste etwa 40 Minuten ausquellen lassen.
- Inzwischen von den Chicoréestauden schlechte Blätter entfernen. Die Stauden mit der Spitze nach oben unter fließendem Wasser waschen, um eventuell vorhandenen Sand zwischen den Blättern herauszuspülen. Die Stauden längs halbieren und den Strunk keilförmig herausschneiden (er enthält Bitterstoffe, die beim Erhitzen stärker hervortreten können).

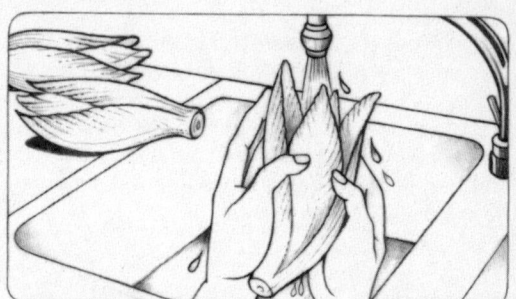

Beim Waschen von Chicorée halten Sie die Stauden am besten mit der Spitze nach oben unter den Wasserstrahl und biegen die Blätter leicht auseinander.

- Die Gemüsebrühe in einem Topf erhitzen. Die Chicoréehälften darin bei mittlerer Hitze zugedeckt in 10–15 Minuten nicht zu weich kochen.
- Die Tomaten waschen, den Stielansatz kegelförmig herausschneiden. Die Tomaten 2–3 Minuten in den Topf auf den Chicorée legen.
- Den Backofen auf 200° einschalten (Gas Stufe 2½–3). Eine Auflaufform fetten.
- Die Tomaten mit einem Schaumlöffel aus dem Topf heben, leicht abkühlen lassen und die Haut abziehen. Die Tomaten in Scheiben oder Schnitze schneiden.
- Die Sahne, den Käse, die Mandeln, die Eier, die Streuwürze und den Pfeffer in einem Mixer oder mit dem Mixstab pürieren. Die Sauce abschmecken.
- Den Chicorée, die Tomatenscheiben oder -schnitze, den Grünkern und die Petersilie abwechselnd mit der Hälfte der Sauce in die Form schichten. Die restliche Sauce darübergießen.
- Den Gratin auf der mittleren Schiene in den Backofen stellen und 15–20 Minuten überbacken, bis die Oberfläche leicht gebräunt ist.

Aufläufe und Gratins

Preiswert

Roggen-Spinat-Auflauf

Anstelle des Spinats können Sie auch Mangold- oder Brennesselblätter verwenden. Der Roggen läßt sich durch Gerste, Weizen oder Buchweizen ersetzen.

Zutaten für 4 Portionen:
200 g Roggen, mittelgrob geschrotet · 500–600 ccm kaltes Wasser · 1 große Zwiebel (100 g) · 1–2 Knoblauchzehen · 250 g frische Champignons · 1 gehäufter Eßl. Butterschmalz (20 g) oder Öl · Salz · 2 Teel. gekörnte Gemüsebrühe · Pfeffer, frisch gemahlen · 1 Teel. frische Thymianblättchen · 500–600 g Spinat · 2 Eier · 100 g Quark mit 20% Fett · 50–100 g Hartkäse, frisch gerieben · knapp ¼ l Milch oder Sahne · Muskatnuß, frisch gerieben · 2 Eßl. Kürbiskerne, grob gehackt
Für die Form: Butter
Pro Portion etwa: 1700 kJ/410 kcal
23 g Eiweiß · 20 g Fett · 36 g Kohlenhydrate · 12 g Ballaststoffe

Vorbereitungszeit: etwa 45 Minuten
Backzeit: etwa 20 Minuten

- Den Roggenschrot mit dem Wasser in einer Schüssel verrühren.
- Die Zwiebel und die Knoblauchzehe schälen, abspülen und fein würfeln. Die Pilze putzen, nur wenn nötig unter fließendem Wasser abspülen und in etwa 1 cm große Stücke schneiden.
- In einem Topf das Butterschmalz oder das Öl erhitzen. Die Zwiebel- und die Knoblauchwürfel darin leicht anbräunen. Die Pilze dazugeben und ebenfalls kurz anbraten.
- Die Temperatur zurückschalten. Den Getreidebrei mit dem Wasser dazugeben und aufkochen lassen. Mit Salz, der Gemüsebrühe, Pfeffer und dem Thymian würzen. Die Mischung bei schwacher Hitze zugedeckt in etwa 20 Minuten zu einer festen Masse ausquellen lassen.
- Inzwischen den Spinat verlesen und gründlich waschen. Die Blätter noch tropfnaß in einen großen Topf geben und zugedeckt 4–5 Minuten dünsten. Den Spinat auf ein Brett legen, leicht abkühlen lassen und grob hacken.
- Die Eier mit dem Quark, dem Käse und der Milch oder der Sahne verrühren. Mit Muskat und Salz abschmecken.
- Den Backofen auf 200° einschalten (Gas Stufe 2½–3). Eine flache Auflaufform fetten.
- Mit einem in Wasser getauchten Löffel aus der Getreidemasse Klößchen abstechen und in die Form setzen. Den Spinat zwischen den Klößchen verteilen. Die Quarksauce darübergießen. Die Kürbiskerne daraufstreuen.
- Den Auflauf auf der mittleren Schiene in den Backofen stellen und etwa 20 Minuten backen, bis die Quarksauce gestockt und goldbraun ist.

Ganz einfach · Glutenfrei

Hirsegratin mit Tomaten und Nüssen

Zutaten für 4 Portionen:
200 g Hirse · etwa ½ l Wasser · ½ Teel. Salz · 1 Gemüsebrühwürfel · 1 Prise Streuwürze · ½ Teel. Currypulver · 100 g Mandeln oder Haselnußkerne, frisch gerieben · je ½ Teel. Fenchel und Koriander, frisch gemahlen oder zerstoßen · ½ Bund Petersilie · 100 g Quark mit 20% Fett · 75 g Crème fraîche · 8 kleine oder 4 große Tomaten (etwa 800 g) · 50 g Käse, zum Beispiel Emmentaler, frisch gerieben · 1 gehäufter Eßl. Butter (20 g)
Für die Form: Butter

Aufläufe und Gratins

Pro Portion etwa: 2300 kJ/550 kcal
19 g Eiweiß · 32 g Fett · 44 g Kohlenhydrate ·
9 g Ballaststoffe

Vorbereitungszeit: etwa 40 Minuten
Backzeit: etwa 30 Minuten

- Die Hirse verlesen, in einem Sieb heiß abspülen und mit dem Wasser in einen Topf geben. Das Salz, den zerdrückten Gemüsebrühwürfel, die Streuwürze und den Curry hineinrühren und alles etwa 10 Minuten leicht kochen lassen. Dann die Hirse zugedeckt bei schwacher Hitze oder in einer Spar-Gar-Box/Kochkiste etwa 15 Minuten ausquellen lassen.
- Die Mandeln oder Nüsse, den Fenchel und den Koriander zur Hirse geben.
- Die Petersilie waschen, trockenschütteln und fein hacken. Den Quark, die Crème fraîche und zwei Drittel der Petersilie ebenfalls unter die Hirse rühren und abschmecken.
- Die Tomaten waschen und in ½ cm dicke Scheiben schneiden, dabei die Stielansätze entfernen.
- Den Backofen auf 200° einschalten (Gas Stufe 2½–3). Eine Auflaufform fetten.
- Die Hirsemasse, die Tomatenscheiben und den Käse lagenweise in die Form schichten, mit einer Hirseschicht und etwas Käse abschließen. Die Butter in Flöckchen daraufsetzen.
- Den Gratin auf der mittleren Schiene in den Backofen stellen und etwa 30 Minuten backen, bis die Oberfläche leicht gebräunt ist.
- Den Hirsegratin mit der restlichen Petersilie bestreut servieren.

Tip: Wenn Sie einen Elektrohacker haben, können Sie die Nüsse, den Fenchel und den Koriander zusammen fein zerkleinern. Zum Mahlen von Koriander oder Fenchel in kleinen Mengen eignet sich aber auch eine Pfeffermühle.

Ganz einfach · Einfach abzuwandeln

Getreide-Gemüse-Auflauf
Bild Seite 18

Diese Getreidemasse schmeckt auch sehr fein als Füllung für Gemüse. Anstelle des geschroteten Getreides können Sie für diesen Auflauf auch ganze Buchweizenkörner wie auf Seite 12 beschrieben vorgaren und verwenden.

Zutaten für 4 Portionen:
½ l Wasser · Salz · gekörnte Gemüsebrühe ·
½ Teel. Currypulver · Muskatnuß, frisch gerieben · 140 g Grünkern, Nacktgerste, Roggen, Weizen oder Dinkel, eine Sorte oder gemischt, mittelgrob geschrotet · 400–500 g Broccoli · 1 große Zwiebel (100 g) ·
1 Knoblauchzehe · 200 g Möhren · 100 g Knollensellerie · 2 gehäufte Eßl. Butter (40 g) ·
1 Bund Petersilie · 100 g Sonnenblumen-, Kürbis- oder Pinienkerne · 4 Eßl. Gomasio ·
150–200 g Crème fraîche · nach Belieben 100 g Emmentaler Käse, frisch gerieben ·
einige Butterflöckchen
Für die Form: Butter
Pro Portion etwa: 2800 kJ/670 kcal
24 g Eiweiß · 50 g Fett · 32 g Kohlenhydrate ·
11 g Ballaststoffe

Vorbereitungszeit: etwa 45 Minuten
Backzeit: 15–20 Minuten

- Das Wasser mit 1 Prise Salz, der Gemüsebrühe, dem Curry und Muskat in einem Topf zum Kochen bringen. Den Schrot hineinrühren und zugedeckt bei schwacher Hitze oder in einer Spar-Gar-Box/Kochkiste etwa 20 Minuten quellen lassen. Dabei ab und zu umrühren, damit der Brei nicht anbrennt.
- Inzwischen den Broccoli von den größeren

Aufläufe und Gratins

Blättern befreien und etwa 15 Minuten in Salz- oder Biosmonwasser legen.
• Die Zwiebel und die Knoblauchzehe schälen, abspülen, halbieren und fein schneiden. Die Möhren gründlich waschen und schaben oder dünn schälen. Das Selleriestück schälen und abspülen. Die Möhren und den Sellerie in etwa ½ cm große Würfel schneiden.
• Die Butter in einem Topf erhitzen. Die Zwiebel- und die Knoblauchwürfel darin leicht anbraten.
• Den Broccoli aus dem Wasser nehmen, in kleine Röschen zerteilen und die Stiele kleinschneiden. Die Petersilie waschen, trockenschütteln und fein hacken.
• Die Möhren- und die Selleriewürfel zu den Zwiebeln geben und unter Zugabe von ½–1 Tasse Wasser zugedeckt etwa 3 Minuten garen. Dann den Broccoli hinzufügen und alles weitere 5 Minuten garen. Das Gemüse sollte nicht ganz weich sein.
• Inzwischen die Sonnenblumen-, Kürbis- oder Pinienkerne in einer Pfanne ohne Fett unter ständigem Bewegen leicht anrösten und in den Schrotbrei rühren. Sollte die Masse zu fest sein, etwas Kochbrühe vom Gemüse dazugeben. Das Gomasio, die Crème fraîche, die Petersilie bis auf einen kleinen Rest und nach Belieben die Hälfte des Käses einrühren. Die Masse abschmecken.
• Den Backofen auf 200° einschalten (Gas Stufe 2½–3). Eine Auflaufform fetten.
• Mit einem nassen Löffel die Hälfte der Getreidemasse in die Form streichen. Das Gemüse daraufgeben und die restliche Getreidemasse darüberstreichen. Eventuell den restlichen Käse darüberstreuen und einige Butterflöckchen daraufsetzen.
• Den Auflauf auf der mittleren Schiene in den Backofen stellen und 15–20 Minuten backen.
• Die restliche Petersilie vor dem Servieren über den Auflauf streuen.

Preiswert • Ganz einfach

Blumenkohl, mit Grünkernsauce überbacken

*Zutaten für 4 Portionen:
1 großer Kopf Blumenkohl (etwa 1 kg) •
1 l Wasser • Salz • 2 Teel. Zitronensaft, frisch gepreßt • 1 gehäufter Eßl. Butter (20 g) •
50 g Grünkern, fein bis mittelfein gemahlen •
½ l Kohlkochwasser • 100 g Sahne •
½ Gemüsebrühwürfel • Streuwürze • Muskatnuß, frisch gerieben • 1 Bund Petersilie oder Schnittlauch • eventuell 1 Eigelb • eventuell 50 g Emmentaler oder Parmesankäse, frisch gerieben*
Pro Portion etwa: 1200 kJ/290 kcal
13 g Eiweiß • 18 g Fett • 16 g Kohlenhydrate • 9 g Ballaststoffe

Vorbereitungszeit: etwa 40 Minuten
Backzeit: 15–20 Minuten

• Vom Blumenkohl die Blätter abschneiden. Den Kopf mit dem Strunk nach oben etwa 15 Minuten in kaltes Salz- oder Biosmonwasser legen.
• In einem Topf das Wasser mit etwas Salz und dem Zitronensaft zum Kochen bringen.
• Den Blumenkohl gründlich waschen, dann mit dem Strunk nach unten in das kochende Wasser legen und zugedeckt in etwa 15 Minuten nicht zu weich garen.
• Den Kohl mit einer Schaumkelle aus dem Topf heben, kurz abtropfen lassen und in eine Auflaufform setzen.
• Für die Sauce in einem kleinen Topf die Butter aufschäumen lassen. Das Grünkernmehl dazugeben und bei mittlerer Hitze leicht anschwitzen. Das Kochwasser und die Sahne hineinrühren. Die Sauce bei schwacher Hitze unter gelegentlichem Umrühren etwa 5 Minuten leicht

Aufläufe und Gratins

kochen lassen, bis sie sämig wird; wenn sie zu stark kochen sollte, etwas Flüssigkeit nachgießen.
- Den Backofen auf 200° einschalten (Gas Stufe 2½–3).
- Den zerdrückten Gemüsebrühwürfel, 1 Prise Salz, Streuwürze und Muskat in die Sauce rühren und abschmecken. Den Topf vom Herd nehmen.
- Die Petersilie oder den Schnittlauch waschen, trockenschütteln, fein schneiden und bis auf einen kleinen Rest zur Sauce geben. Nach Belieben das Eigelb und den Käse hineinrühren. Die Sauce über den Blumenkohl in der Form gießen.
- Die Form auf der mittleren Schiene in den Backofen stellen und den Blumenkohl 15–20 Minuten überbacken.
- Mit der restlichen Petersilie oder dem restlichen Schnittlauch bestreut servieren.

Das paßt dazu: Pellkartoffeln, aber auch ein bunt gemischter Blattsalat und gebratene Küchlein.

Preiswert · Ganz einfach · Glutenfrei

Maisauflauf mit Tomaten

Bild Umschlag-Vorderseite

Zutaten für 4–6 Portionen:
1 l Wasser · Salz · 1 Gemüsebrühwürfel ·
1 Teel. getrockneter Oregano und/oder Thymian · 2 Eßl. kaltgepreßtes Olivenöl ·
250 g Maisgrieß · 1 junger Zuckermaiskolben, ersatzweise ½ Dose Maiskörner (150 g) ·
500 g Tomaten · 500 g Spinat, Mangoldblätter oder junge-Brennesselspitzen · 1 Zwiebel ·
1–2 Knoblauchzehen · 2 gehäufte Eßl. Butter
(40 g) · Pfeffer, frisch gemahlen · 100 g Crème fraîche · Muskatnuß, frisch gerieben ·
100–150 g Emmentaler oder Goudakäse, frisch gerieben · 6–8 schwarze Oliven · 1 Prise getrockneter Oregano · 2 Eßl. Gomasio
Für die Form: Öl oder Butter
Bei 4 Portionen pro Portion etwa: 2600 kJ/620 kcal
19 g Eiweiß · 33 g Fett · 61 g Kohlenhydrate · 7 g Ballaststoffe

Vorbereitungszeit: etwa 50 Minuten
Backzeit: 20–25 Minuten

- In einem hohen Topf das Wasser mit 1–2 Teelöffeln Salz, dem zerdrückten Gemüsebrühwürfel, den Kräutern und dem Öl zum Kochen bringen. Den Maisgrieß hineinstreuen. Die Hitze reduzieren und den Mais unter gelegentlichem Rühren bei schwacher Hitze in etwa 20 Minuten zu einem festen Brei ausquellen lassen.
- Inzwischen den Maiskolben schälen und die Körner mit einem großen Messer dicht am Strunk abschneiden. Oder den Dosenmais abtropfen lassen. Die Tomaten waschen und in Scheiben schneiden, dabei den Stielansatz entfernen.
- Den Spinat, die Mangoldblätter oder die Brennesselspitzen verlesen, gründlich waschen und abtropfen lassen.
- Die Zwiebel und die Knoblauchzehe schälen, abspülen und fein schneiden.
- Die Butter in einem großen Topf aufschäumen lassen. Die Zwiebel- und Knoblauchwürfel darin glasig braten. Den Spinat, den Mangold oder die Brennesselspitzen dazugeben und zugedeckt in etwa 5 Minuten nicht ganz weich dünsten. Beiseite stellen.
- Den Maisbrei mit Salz und Pfeffer abschmecken.
- Die Crème fraîche unter das Gemüse rühren. Mit Salz, Muskat und Pfeffer abschmecken.

Aufläufe und Gratins

- Den Backofen auf 200° einstellen (Gas Stufe 2½–3).
- Eine Quicheform oder ein Blech fetten und den noch warmen Maisbrei mit einem nassen Löffel oder Teigschaber in die Form oder auf das Blech streichen.
- Den Spinat, den Mangold oder die Brennesseln daraufgeben und mit der Hälfte des Käses bestreuen. Dann die Maiskörner und die Tomatenscheiben darauf verteilen. Das Olivenfruchtfleisch in kleinen Stückchen vom Kern schneiden und zwischen den Tomaten verteilen. Etwas Oregano, das Gomasio und den restlichen Käse darüberstreuen.
- Den Auflauf auf der mittleren Schiene in den Backofen stellen und 20–25 Minuten backen, bis der Käse verlaufen ist.

Variante: Probieren Sie diesen Auflauf auch einmal mit angebratenen Zwiebeln, Pilzen oder anderen Gemüsen wie zum Beispiel Broccoli oder Zucchini.

Ganz einfach · Raffiniert

Wirsingsoufflé

Soufflés eignen sich gut als kleines Abendessen oder als Zwischengang bei einem Menü.

Zutaten für 4 Portionen:
300–400 g Wirsing · etwa 1 Tasse Wasser · 1 Teel. Zitronensaft, frisch gepreßt · 2 gehäufte Eßl. Butter (40 g) · 40 g Weizen, fein gemahlen · ¼ l Milch oder Sahne · ½ Gemüsebrühwürfel · Salz · 1 Prise Muskatnuß, frisch gerieben · 1 Prise weißer Pfeffer, frisch gemahlen · 50 g Emmentaler oder Appenzeller Käse, frisch gerieben · 3–4 Eigelb · 3–4 Eiweiß Für die Form: Butter

Pro Portion etwa: 1200 kJ/290 kcal
14 g Eiweiß · 20 g Fett · 12 g Kohlenhydrate · 3 g Ballaststoffe

Vorbereitungszeit: etwa 25 Minuten
Backzeit: 20–25 Minuten

- Vom Wirsing schlechte Blätter entfernen, den Kohl gründlich abspülen und den Strunk keilförmig ausschneiden. Den Wirsing in Streifen schneiden und in einem dichtschließenden Topf mit dem Wasser und dem Zitronensaft in 5–7 Minuten nicht ganz weich kochen. Die Kohlstreifen abgießen und leicht auskühlen lassen.
- Die Butter in einem Topf aufschäumen lassen. Das Weizenmehl hineinschütten und 1–2 Minuten bei mittlerer Hitze unter Rühren leicht anschwitzen. Die Milch oder die Sahne darangießen, den zerdrückten Gemüsebrühwürfel, etwas Salz, den Muskat und den Pfeffer hinzufügen. Die Masse unter Rühren leicht kochen lassen, bis sie dick ist. Dann zum Abkühlen beiseite stellen.
- Den Backofen auf 200° einschalten (Gas Stufe 2½–3). Eine hohe Auflaufform 5 Minuten darin anwärmen.
- Den Wirsing mit einem großen Messer oder einem Elektrohacker fein zerkleinern und in die Sauce rühren. Den Käse und die Eigelbe daruntermischen und das Ganze abschmecken.
- Die Form aus dem Ofen nehmen. Etwas Butter auf dem Boden der Form zerlaufen lassen.
- Die Eiweiße mit 1 Prise Salz steif schlagen und mit einem Schneebesen vorsichtig unter die Wirsingmasse heben. Die Masse in die Form füllen und glattstreichen.
- Die Form sofort auf die mittlere Schiene in den vorgeheizten Backofen schieben und das Soufflé 20–25 Minuten backen. Dabei die Backofentüre in den ersten 15 Minuten keinesfalls öffnen.
- Das Soufflé sofort servieren.

Körnig gefülltes Gemüse

Bei Getreidefüllungen für Gemüse sind Ihrer Phantasie keine Grenzen gesetzt. Aus ganzen Körnern oder dem Schrot der verschiedenen Getreidearten, gemischt mit Gemüse, Sahne, Käse, Eiern lassen sich abwechslungsreiche Kombinationen zubereiten, die für die einzelnen Gemüsesorten auch austauschbar sind. Außerdem können Sie auch die Rezepte für Bratlinge oder Küchlein (Seite 46–57) als Füllung für Gemüse Ihrer Wahl verwenden.

Preiswert · Ganz einfach · Glutenfrei

Tomaten, mit Hirse gefüllt
Bild Umschlag-Rückseite

Zutaten für 4 Portionen:
1 kleine Zwiebel · 200 g Hirse · etwa ½ l Gemüsebrühe aus Würfel · Salz · 1 Lorbeerblatt · 50 g Sonnenblumenkerne · 8 Fleischtomaten · 2 Bund Schnittlauch oder Petersilie · 50 g Crème fraîche oder Sahnequark · 50–100 g Emmentaler Käse, frisch gerieben
Für die Form: Butter
Pro Portion etwa: 1700 kJ/400 kcal
15 g Eiweiß · 18 g Fett · 44 g Kohlenhydrate · 8 g Ballaststoffe

Vorbereitungszeit: etwa 45 Minuten
Backzeit: etwa 15 Minuten

- Die Zwiebel schälen, abspülen, halbieren und fein würfeln.
- Die Hirse verlesen, in einem Sieb heiß abspülen und mit den Zwiebelwürfeln, der Gemüsebrühe, etwas Salz und dem Lorbeerblatt in einem Topf zum Kochen bringen. Den Deckel auflegen und die Hirse bei mittlerer Hitze 5–10 Minuten leicht kochen lassen. Dann auf der ausgeschalteten Herdplatte oder in einer Spar-Gar-Box/Kochkiste 20–30 Minuten ausquellen lassen.
- Inzwischen die Sonnenblumenkerne in einer Pfanne ohne Fett unter Bewegen leicht rösten, dann beiseite stellen.
- Die Tomaten waschen und an der Stielseite einen Deckel abschneiden. Das Fruchtfleisch mit einem kleinen Löffel herauslösen, kleinschneiden und in eine Schüssel geben. Die Deckel (ohne die Stielansätze) ebenfalls kleinschneiden und dazugeben.
- Die Tomaten mit der Öffnung nach unten in ein Sieb geben und abtropfen lassen. Den Saft auffangen und anderweitig verwenden.
- Den Schnittlauch oder die Petersilie waschen, trockenschütteln und fein schneiden.
- Den Backofen auf 200° einschalten (Gas Stufe 2½–3). Eine Auflaufform fetten.
- Das Lorbeerblatt aus der Hirse nehmen. Die Tomatenstückchen, die Crème fraîche oder den Quark, 4 Eßlöffel Sonnenblumenkerne, den Käse und die Hälfte des Schnittlauchs oder der Petersilie in die Hirsemasse rühren.
- Die Hirsefüllung in die Tomaten verteilen. Diese nebeneinander in die Form setzen und mit den restlichen Sonnenblumenkernen bestreuen. Die Form auf der mittleren Schiene in den Backofen schieben und die Tomaten etwa 15 Minuten überbacken.
- Vor dem Servieren den restlichen Schnittlauch oder die restliche Petersilie über die gefüllten Tomaten streuen.

Für Hafernudeln mit Wirsing in Morchelsauce (von links nach rechts) den Teig ausrollen, kleine Rechtecke ausrädeln, zu »Schleifchen« formen. Die Wirsingstreifen zu Fett und Zwiebeln geben. Die Nudelschleifchen aus dem Kochwasser nehmen und gut abtropfen lassen, mit dem Gemüse und der Sauce auf vorgewärmten Tellern anrichten. Rezept Seite 59.

Körnig gefülltes Gemüse

Raffiniert

Zwiebeln mit Dinkel-Curry-Füllung

Diese Füllung nach fernöstlicher Art ist von mildem Geschmack und harmoniert auch gut mit Zucchini.

Zutaten für 4 Portionen:
4 große Gemüsezwiebeln · 1 Tasse Wasser · Salz · 150 g Dinkel oder Weizen, mittelgrob geschrotet · 50 g Butter · 400–500 ccm Wasser · 1 Eßl. Currypulver · 1 Teel. Kurkumapulver · 1 Prise Koriander, frisch gemahlen · Streuwürze · 50–100 g Haselnuß- oder Cashewkerne, grob gehackt · 2 Äpfel · 2–3 Eßl. Sultaninen · 150 g Quark mit 20% Fett · 1 Kästchen Kresse oder 50 g Luzernensprossen (siehe Seite 11)
Für die Form: Butter
Pro Portion etwa: 2000 kJ/480 kcal
15 g Eiweiß · 21 g Fett · 57 g Kohlenhydrate · 14 g Ballaststoffe

Vorbereitungszeit: etwa 35 Minuten
Garzeit: 15–20 Minuten

- Die Zwiebeln schälen und quer halbieren. Das Wasser mit 1 Prise Salz in einem großen Topf zum Kochen bringen und die Zwiebelhälften mit der Schnittfläche nach unten darin bei mittlerer Hitze zugedeckt in etwa 15–20 Minuten nicht ganz weich kochen.

◁ Mit vollwertigen Zutaten schmeckt der beliebte Apfel-Streusel-Kuchen vom Blech ganz ausgezeichnet. Wenn Sie ihn frisch und mit Schlagsahne zu Tisch bringen, werden Ihre Gäste bestimmt begeistert zugreifen. Rezept Seite 95.

- Inzwischen für die Füllung den Dinkelschrot in einem zweiten Topf bei mittlerer Hitze in der Hälfte der Butter 2–3 Minuten anrösten, bis es aromatisch duftet.
- Das Wasser hineinrühren. Den Curry, das Kurkuma und den Koriander dazugeben. Mit Salz und Streuwürze abschmecken. Den Schrot zugedeckt bei schwacher Hitze oder in einer Spar-Gar-Box/Kochkiste in etwa 15 Minuten ausquellen lassen.
- Die Zwiebeln mit einer Schaumkelle auf einen Teller heben und etwas auskühlen lassen; dann bis auf 2 »Schichten« aushöhlen. Die herausgelösten Zwiebelstücke kleinschneiden und für die Füllung verwenden. Einen Rest können Sie bis zum nächsten Tag zugedeckt im Kühlschrank aufbewahren und anderweitig verarbeiten.
- Die Nüsse in einer Pfanne mit einem kleinen Stück Butter unter ständigem Bewegen anbräunen; dann beiseite stellen.
- Die Äpfel gründlich waschen, abtrocknen und mit der Schale mittelgrob raspeln. Die Äpfel, die Sultaninen, den Quark, die Hälfte der Nüsse und die Zwiebelstückchen in den Schrotbrei rühren.
- Eine flache Auflaufform leicht fetten und den Backofen auf 200° einschalten (Gas Stufe 2½–3).
- Die Füllung in die Zwiebelhüllen verteilen und diese nebeneinander in die Form setzen. Die restliche Butter in Stückchen daraufsetzen.
- Die Form auf der mittleren Schiene in den Backofen stellen und die Zwiebeln 15–20 Minuten backen.
- Die Kresse im Kästchen kalt abbrausen (dabei das Kästchen schräg halten) und abschneiden. Die restlichen Nüsse und die Kresse oder die Sprossen über das Gericht streuen.

Tip: Den Koriander können Sie in einer Gewürzmühle (Pfeffermühle) oder auch zusammen mit dem Dinkel schroten.

Körnig gefülltes Gemüse

Ganz einfach · Glutenfrei

Zucchini mit Buchweizenfüllung

Zutaten für 4 Portionen:
200 g Buchweizen · ½ l Wasser ·
1 Gemüsebrühwürfel · 1 Prise Muskatnuß,
frisch gerieben · ½ Teel. Currypulver · Salz ·
1 Knoblauchzehe · 2 mittelgroße Zucchini
(500–600 g) · 1 Tasse Wasser · 1 Bund Dill oder
Schnittlauch · 2 Teel. frische oder 1 Teel. ge-
trocknete Thymianblättchen · 50–100 g Hart-
käse, frisch gerieben, oder Crème fraîche ·
4 Tomaten · 2 große Scheiben Käse
Für die Form: Butter
Pro Portion etwa: 1600 kJ/380 kcal
20 g Eiweiß · 40 g Fett · 43 g Kohlenhydrate ·
6 g Ballaststoffe

Vorbereitungszeit: etwa 50 Minuten
Backzeit: 20–25 Minuten

- Den Buchweizen verlesen, mit dem Wasser in einen Topf geben und den zerdrückten Gemüsebrühwürfel, den Muskat, den Curry sowie etwas Salz hineinrühren. Die Knoblauchzehe schälen, fein schneiden oder durch eine Knoblauchpresse drücken und dazugeben. Den Deckel auflegen und alles einmal aufkochen lassen. Dann die Temperatur zurückschalten und den Buchweizen bei schwacher Hitze unter gelegentlichem Umrühren in etwa 25 Minuten ausquellen lassen.
- Inzwischen die Zucchini waschen, von Stiel- und Blütenansätzen befreien und längs durchschneiden. Die Hälften mit einem scharfen Messer oder einem scharfkantigen Löffel aushöhlen. Das herausgelöste Fruchtfleisch kleinschneiden, in die Buchweizenmasse rühren und mitkochen lassen.
- In einer großen Deckelpfanne das Wasser zum Kochen bringen und die Zucchinihälften darin mit der Öffnung nach oben in 7–8 Minuten nicht ganz weich garen.
- Eine flache Auflaufform fetten. Die vorgegarten Zucchinihälften hineinlegen.
- Den Buchweizen vom Herd nehmen. Den Dill oder den Schnittlauch fein schneiden. Die Hälfte des Dills oder Schnittlauchs, die Hälfte des Thymians sowie den geriebenen Käse oder die Crème fraîche unter den Buchweizen rühren. Die Masse abschmecken, eventuell nachwürzen.
- Den Backofen auf 200° einschalten (Gas Stufe 2½–3).
- Die Buchweizenmasse in die Zucchini füllen. Die Form auf der mittleren Schiene in den Backofen schieben und die Zucchini 15–20 Minuten backen.
- Die Tomaten waschen und in Scheiben schneiden, dabei den Stielansatz entfernen. Die Käsescheiben in Streifen schneiden. Die Tomatenscheiben auf die Zucchini legen, die Käsestreifen darauf verteilen und die Form nochmal für etwa 5 Minuten in den Backofen stellen, bis der Käse geschmolzen ist.
- Die gefüllten Zucchini vor dem Servieren mit den restlichen Kräutern bestreuen.

Für Gäste · Glutenfrei

Hirse-Mangold-Röllchen mit grüner Sauce

Zutaten für 3–4 Portionen:
Für die Röllchen: 1 mittelgroße Zwiebel (70 g) ·
2 gehäufte Eßl. Butter (40 g) · 150 g Hirse ·
etwa 400 ccm Wasser · 1 Gemüsebrühwürfel ·
Salz · 1 Mangoldstaude mit etwa 8 großen
Blättern · 250 g frische Champignons oder
Mischpilze · 180–200 g Mungobohnensprossen
(50 g ungekeimt, siehe Seite 11) · 2 Eßl. kaltge-

Körnig gefülltes Gemüse

preßtes Olivenöl oder Butterschmalz · Streuwürze · ½ Teel. Currypulver · Pfeffer, frisch gemahlen
Für die Sauce: je 1 Bund Petersilie, Sauerampfer, Borretsch, Pimpinelle, Schnittlauch, Kresse und Kerbel · 200 g Crème fraîche · 100 g Joghurt · 2 Teel. Senf · Salz · Pfeffer, frisch gemahlen · 1-2 Eßl. kaltgepreßtes Sonnenblumenöl · 1-2 Teel. milder Essig oder Zitronensaft, frisch gepreßt · 2 hartgekochte Eier oder 1 weiche Avocado · eventuell etwas Milch oder Wasser
Bei 3 Portionen pro Portion etwa: 3000 kJ/ 710 kcal
20 g Eiweiß · 52 g Fett · 44 g Kohlenhydrate · 7 g Ballaststoffe

Zubereitungszeit: etwa 1 Stunde

• Für die Röllchen die Zwiebel schälen, abspülen und fein würfeln. In einem Topf die Butter aufschäumen lassen und die Zwiebelwürfel darin glasig braten.
• Die Hirse verlesen, in einem Sieb heiß abspülen, kurz abtropfen lassen und zu den Zwiebeln geben. Mit dem Wasser aufgießen. Den Brühwürfel und etwas Salz hineinrühren. Die Hirse zugedeckt 5-7 Minuten kochen lassen, dann bei schwacher Hitze oder in einer Spar-Gar-Box/Kochkiste in 20-30 Minuten ausquellen lassen. Danach probieren und, falls die Körner nicht weich genug sind, noch etwas nachquellen lassen.
• Inzwischen in einem großen Topf 1-2 l Wasser mit etwas Salz zum Kochen bringen. Den Mangold gründlich waschen. Die Stiele abschneiden und anderweitig verwenden. Die Mangoldblätter in dem kochenden Wasser 3-4 Minuten blanchieren, mit einem Schaumlöffel herausheben und auf der Arbeitsfläche ausbreiten.
• Die Champignons putzen, wenn nötig kurz unter fließendem Wasser abspülen, abtropfen lassen und in kleine Stücke schneiden. Die Mungobohnensprossen abspülen und verlesen.
• In einer Deckelpfanne das Öl oder Butterschmalz erhitzen und die Pilze darin anbraten. Die Sprossen dazugeben und mit ⅛ l Wasser (vom Mangoldblanchierwasser) aufgießen. Die Pilze und die Sprossen etwa 4 Minuten dünsten. Dann zur Hirse geben und die Mischung mit etwas Streuwürze, dem Curry und Pfeffer abschmecken.
• Jeweils etwas Hirsefüllung an der Stielseite auf die Mangoldblätter setzen. Die Blätter aufrollen, leicht zusammendrücken und nebeneinander in die Pfanne setzen. Etwa ⅛ l Wasser (Mangoldkochwasser) auf den Boden der Pfanne gießen. Den Deckel auflegen und die Rollen bei schwacher Hitze 5 Minuten dünsten.
• Inzwischen für die Sauce die Kräuter gründlich waschen, trockenschütteln und auf einem großen Brett grob zerschneiden.
• Die Crème fraîche und den Joghurt in einen Mixbecher geben. Die Kräuter, den Senf, etwas Salz und Pfeffer, das Öl sowie den Essig oder Zitronensaft dazugeben und alles gründlich pürieren.
• Die hartgekochten Eier schälen. Oder die Avocado halbieren, vom Kern drehen und das Fruchtfleisch mit einem Löffel herauslösen. Die Eier oder die Avocadostücke in den Mixer geben und daruntermixen. Die Sauce wenn nötig mit etwas Wasser oder Milch auf eine leicht flüssige Konsistenz verdünnen und abschmecken.
• Die grüne Sauce zu den Mangoldröllchen reichen.

Tip: Diese kalte Kräutersauce paßt auch gut zu anderen Getreidegerichten, zu Spargel oder zu Kartoffeln. Anstelle der Kräutersauce können Sie aber auch eine Käsesauce oder eine Tomatensauce (Rezepte Seite 40, 41, 45) zu den Mangoldröllchen reichen.

Körnig gefülltes Gemüse

Mit vorgekochtem Reis · Glutenfrei

Tofu-Reis in Auberginen

Zutaten für 4 Portionen:
300 g Tofu · ¼ l Gemüsebrühe aus Würfel ·
3-4 Teel. Sojasauce · 1-2 Teel. Zitronensaft,
frisch gepreßt · 4 Eßl. kaltgepreßtes Olivenöl ·
Salz · schwarzer Pfeffer, frisch gemahlen ·
Streuwürze · 2 große Auberginen (800 g) ·
1 Tasse Wasser · 1 mittelgroße Zwiebel ·
1 Knoblauchzehe · 500 g gekochter Langkorn-
Naturreis (200 g ungegart) · 1-2 Teel. frische
oder getrocknete Thymianblättchen ·
50 g Parmesankäse, frisch gerieben · 2-3 Eßl.
Gomasio · 2-3 Eßl. Pinienkerne, falls vorhanden, frisch geröstet · 4 Tomaten
Pro Portion etwa: 1900 kJ/450 kcal
18 g Eiweiß · 20 g Fett · 52 g Kohlenhydrate ·
8 g Ballaststoffe

Vorbereitungszeit: etwa 45 Minuten
Backzeit: etwa 15 Minuten

- Den Tofu in 1 cm große Würfel schneiden.
- Für die Marinade in einem kleinen Topf die Gemüsebrühe mit der Sojasauce, dem Zitronensaft und 1 Eßlöffel Olivenöl verrühren. Etwas Salz, Pfeffer und Streuwürze hinzufügen. Die Marinade aufkochen. Die Tofuwürfel hineingeben und mindestens 30 Minuten bei schwacher Hitze darin ziehen lassen.
- Die Auberginen waschen, abtrocknen, von Stiel- und Stengelansätzen befreien, längs halbieren und aushöhlen. Das ausgehöhlte Fruchtfleisch leicht salzen und etwa 15 Minuten ziehen lassen, damit eventuell vorhandene Bitterstoffe mit dem Saft herausgelöst werden. Auch die Auberginenhälften innen leicht salzen. Das Wasser in einer Deckelpfanne zum Kochen bringen. Die ausgehöhlten Auberginenhälften mit der Öffnung nach oben in die Pfanne legen und zugedeckt in etwa 7 Minuten nicht ganz weich garen.
- Inzwischen die Zwiebel und die Knoblauchzehe schälen, abspülen, halbieren und in kleine Würfel schneiden. Das restliche Öl in einer Pfanne erhitzen. Die Zwiebel- und Knoblauchwürfel darin leicht anbraten.
- Die Tofuwürfel in ein Sieb abgießen, dabei die Marinade auffangen. Die Würfel zu den Zwiebeln geben und ebenfalls leicht anbraten.
- Das herausgelöste Fruchtfleisch der Auberginen mit einem Papiertuch abtupfen, zu den Zwiebeln und dem Tofu in die Pfanne geben und 3-4 Minuten bei mittlerer Hitze braten.
- Den Reis darunterrühren. Den Thymian bis auf einen kleinen Rest hineinstreuen. Den Reis in dem Gemüse erhitzen. Den Käse, das Gomasio und die Hälfte der gerösteten Pinienkerne unter den Reis rühren und die Mischung abschmecken.
- Den Backofen auf 200° einschalten (Gas Stufe 2½-3).
- Die vorgekochten Auberginenhälften mit der Öffnung nach oben nebeneinander in eine flache Auflaufform legen. Die Füllung in die Auberginen streichen.
- Die Tomaten waschen, abtrocknen und in Scheiben schneiden, dabei den Stielansatz entfernen. Die Scheiben auf die Auberginen legen.
- Die Form auf der mittleren Schiene in den Backofen schieben und die Auberginen 10-15 Minuten überbacken.
- Vor dem Servieren die restlichen Pinienkerne und den Thymian darüberstreuen.

Variante: Nach Belieben können Sie vor dem Backen auf die Tomaten noch etwas geriebenen Käse streuen.

Süße Hauptgerichte und Desserts

»Süßes« und Vollwertkost, das muß kein Widerspruch sein, wenn man anstelle des weißen Haushaltszuckers, der keine Wertstoffe mehr enthält, mit frischen Früchten süßt oder natürliche Süßungsmittel verwendet, die noch Vitamine, Mineralstoffe oder Enzyme enthalten. Solche natürlichen Süßungsmittel sind Honig, Ahornsirup, Zuckerrohrgranulat (unraffinierter Rohzucker aus Zuckerrohr), Obstdicksäfte und Trockenobst. Beachten sollten Sie aber, daß auch diese natürlichen Süßungsmittel mehr oder weniger viel Zucker enthalten. Es gilt also in jedem Fall, so sparsam wie möglich zu süßen, denn bei einer vollwertigen Ernährung soll der Zucker nicht ersetzt, sondern reduziert werden. Daß Süßspeisen auch dann vorzüglich, ja sogar wesentlich aromatischer schmecken, werden Sie bestimmt bestätigen, wenn Sie die folgenden Rezepte ausprobiert haben.

Einfach abzuwandeln

Apfelküchlein mit Bananen-Zimt-Sauce

Wenn Sie süße Äpfel nehmen, brauchen Sie für die Küchlein kein zusätzliches Süßungsmittel.

Zutaten für 4 Portionen:
Für die Pfannkuchen: 250 g Weizen, fein gemahlen · etwa 300 ccm Milch oder Wasser · 2 Eier · 3 Eßl. kaltgepreßtes Sonnenblumenöl oder flüssige Butter · 1 Prise Salz · ½ Teel. gemahlene Vanille · 3-4 süße Äpfel (etwa 400 g) · 50 g beliebige Nüsse, grob gehackt
Für die Sauce: 2 mittelgroße Bananen · 100 g Quark mit 20% Fett oder Crème fraîche · ½-1 Eßl. Zimtpulver · 2-3 Eßl. Milch oder Sahne
Zum Braten: Butter oder Butterschmalz
Zum Bestäuben: Zimt

Pro Portion etwa: 2600 kJ/620 kcal
19 g Eiweiß · 28 g Fett · 75 g Kohlenhydrate · 12 g Ballaststoffe

Zubereitungszeit einschließlich Quellzeit: etwa 1 Stunde

● Für die Pfannkuchen das Mehl, die Milch oder das Wasser, die Eier, das Öl oder die flüssige Butter, das Salz und die Vanille in einer Rührschüssel verrühren. Den Teig mindestens 20 Minuten quellen lassen.
● Inzwischen für die Sauce die Bananen schälen, grob zerteilen und in eine Schüssel geben. Den Quark oder die Crème fraîche und den Zimt dazugeben und alles mit einem Mixstab pürieren oder mit einer Gabel zerdrücken und mischen. So viel Milch oder Sahne hineinrühren, bis die Sauce geschmeidig ist.
● Für die Küchlein die Äpfel gründlich waschen, abtrocknen und vierteln. Die Apfelstücke vom Kernhaus befreien, mittelgrob raspeln oder mit einem Elektrohacker zerkleinern und sofort in den Pfannkuchenteig rühren. Die Nüsse ebenfalls hineinrühren. Mit dem Elektrogerät können Sie die Äpfel und Nüsse zusammen zerkleinern.
● In einer Pfanne etwas Butter oder Butterschmalz erhitzen. Den Teig in kleinen Portionen hineingeben und die Küchlein bei mittlerer Hitze auf beiden Seiten goldgelb und knusprig braten.
● Die Apfelküchlein auf vier Teller verteilen. Etwas Sauce dazugießen. Mit Zimt bestäuben.

Tip: Sie können für den Teig auch andere Getreidearten, zum Beispiel Dinkel, Gerste oder die glutenfreien Arten Hirse oder Buchweizen verwenden. Auch mit Getreideflocken lassen sich diese Pfannkuchen einfach zubereiten. Wenn Sie genug Zeit haben, sollten Sie den Teig 1-2 Stunden vorher anrühren und zugedeckt quellen lassen; besonders bei Verwendung von Hirse ist die längere Quellzeit zu empfehlen.

Süße Hauptgerichte und Desserts

Ganz einfach
Kaiserschmarrn mit frischen Früchten

Diese beliebte Mehlspeise schmeckt als Hauptgericht oder als Dessert. Die angegebene Menge reicht als Hauptgericht.

Zutaten für 4 Portionen:
2 Eßl. ungeschwefelte Sultaninen oder Rosinen · eventuell 2–3 Eßl. Rum · 3–4 Eiweiß · 1 Prise Salz · 3–4 Eigelb · 20–30 g Zuckerrohrgranulat, Honig oder Ahornsirup · ¼ l Milch · 160 g Dinkel, Weizen oder Buchweizen, sehr fein gemahlen · ½ Teel. gemahlene Vanille · etwa 500 g Kirschen, Aprikosen, Pfirsiche oder Bananen
Zum Braten: 2 gehäufte Eßl. Butter (40 g)
Pro Portion etwa: 1800 kJ/430 kcal
13 g Eiweiß · 17 g Fett · 54 g Kohlenhydrate · 7 g Ballaststoffe

Zubereitungszeit: etwa 45 Minuten

- Die Sultaninen oder Rosinen in eine Tasse geben, mit kochendem Wasser überbrühen, einige Minuten ziehen lassen, dann abgießen. Mit dem Rum übergießen und aufquellen lassen oder, wenn Sie den Rum weglassen wollen, im Wasser quellen lassen.
- Die Eiweiße mit dem Salz steif schlagen.
- In einer Rührschüssel die Eigelbe mit dem Granulat, dem Honig oder dem Ahornsirup, der Milch und dem Dinkel-, Weizen- oder Buchweizenmehl verrühren. 15 Minuten quellen lassen.
- Inzwischen die Früchte waschen, trockentupfen und entsteinen oder die Bananen schälen. Die Früchte gegebenenfalls kleinschneiden.
- Den Eischnee auf die Teigmasse geben und vorsichtig darunterheben.
- Möglichst in zwei Pfannen gleichzeitig die Butter aufschäumen lassen. Den Teig hineingießen. Die eingeweichten Sultaninen oder Rosinen und die Hälfte der Früchte darauf verteilen. Die Pfannkuchen bei mittlerer Hitze 2–3 Minuten backen, dabei die Pfanne mehrfach rütteln.
- Dann die Pfannkuchen mit zwei Gabeln in Stücke zerteilen. Den Herd abschalten und den Kaiserschmarrn zugedeckt 1–2 Minuten auf der noch warmen Platte ziehen lassen.
- Den Kaiserschmarrn anrichten und mit den restlichen frischen Früchten bestreuen.

Preiswert · Raffiniert · Glutenfrei
Hirsesoufflé mit Rhabarber und Erdbeeren
Bild 2. Umschlagseite

Dieses Rezept reicht als Hauptgericht; als Dessert genügt die halbe Menge.

Zutaten für 4 Portionen:
140 g Hirse · etwa ½ l Wasser oder Apfelsaft · Salz · 750 g Rhabarber · etwa ½ Tasse Wasser · 50 g Haselnüsse oder Mandeln, fein gerieben · 3 Eiweiß · 3 Eigelb · etwa 100 g Zuckerrohrgranulat, Honig oder Ahornsirup · 50 g Sahne · 1 Prise Zimtpulver · 1 unbehandelte Zitrone · 1 gehäufter Eßl. Butter (20 g) · 500 g Erdbeeren
Für die Form: Butter
Zum Garnieren: einige Zitronenmelisse- oder Pfefferminzblättchen
Pro Portion etwa: 2100 kJ/500 kcal
13 g Eiweiß · 24 g Fett · 61 g Kohlenhydrate · 11 g Ballaststoffe

Vorbereitungszeit: etwa 35 Minuten
Backzeit: 25–30 Minuten

Süße Hauptgerichte und Desserts

• Die Hirse verlesen, in einem Sieb heiß abspülen, mit dem Wasser oder dem Saft sowie 1 Prise Salz etwa 5 Minuten kochen lassen. Dann bei schwacher Hitze oder in einer Spar-Gar-Box/Kochkiste etwa 30 Minuten quellen lassen. Sollten nach dieser Zeit einige Körner noch nicht aufgequollen sein, die Hirse noch kurze Zeit nachquellen lassen.
• Inzwischen den Rhabarber waschen. Die Stiele längs halbieren oder vierteln und in kleine Würfel schneiden. Den Rhabarber mit etwa ½ Tasse Wasser 3–4 Minuten dünsten, bis er zusammengefallen ist; dann beiseite stellen.
• Die Nüsse oder Mandeln in einer Pfanne ohne Fett unter ständigem Bewegen 2–3 Minuten rösten, bis sie aromatisch duften. Dann auf einen Teller geben, damit sie nicht nachbräunen.
• Den Backofen auf 200° (Gas Stufe 2½–3) einschalten und eine hohe Soufflèform darin anwärmen.
• Die Eiweiße mit 1 Prise Salz steif schlagen.
• Den Hirsebrei leicht abkühlen lassen. Die Eigelbe, die gerösteten Nüsse oder Mandeln und die Hälfte des Granulats, des Honigs oder des Sirups, die Sahne sowie 3 Eßlöffel Rhabarber unter den Hirsebrei rühren. Die Zitrone heiß abwaschen, abtrocknen und die Schale abreiben. Die Hirse mit dem Zimt und der Zitronenschale abschmecken. Den Eischnee vorsichtig darunterheben.
• Die Form aus dem Ofen nehmen und 1 kleines Stück Butter auf dem Boden der Form verlaufen lassen. Die Hirsemasse hineinfüllen. Die Butter in Flöckchen daraufsetzen und die Form sofort in den Backofen auf die mittlere Schiene stellen. Das Soufflé 25–30 Minuten backen, bis die Oberfläche goldbraun ist. Die Backofentür in den ersten 15 Minuten keinesfalls öffnen!
• Inzwischen die Erdbeeren waschen, abtropfen lassen, von den Stielen zupfen und kleinschneiden. Die Stücke unter den Rhabarber rühren. Das Kompott mit dem restlichen Süßungsmittel und etwas Zimt abschmecken.
• Das Soufflé aus dem Ofen nehmen, mit einem Löffel kleine Nocken (Klößchen) abstechen, auf Portionstellern anrichten, etwas Kompott dazugeben und mit Zitronenmelisse- oder Pfefferminzblättchen garnieren.

Ganz einfach · Glutenfrei

Alegria-Amaranth-Konfekt

»Alegria« war bereits bei den Azteken eine beliebte Süßigkeit. Man kennt das Konfekt auch heute noch in Mexiko und Mittelamerika. Es schmeckt zur Kaffeestunde oder auch als nährstoffreicher Riegel auf Wanderungen oder beim Sport.

Zutaten für 12 kleine Schnitten:
2 Eßl. Amaranth (25 g) · 2 Eßl. Sonnenblumenkerne (10 g) · 1 gehäufter Eßl. Butter (20 g) · 1–2 Eßl. Honig (25–40 g) · 20 g Haselnußkerne oder Mandeln · eventuell 10–20 g ungeschwefelte Rosinen
Pro Stück etwa: 190 kJ/45 kcal
1 g Eiweiß · 3 g Fett · 4 g Kohlenhydrate · 1 g Ballaststoffe

Zubereitungszeit: etwa 40 Minuten

• Eine Metallpfanne mit Deckel bei mittlerer Hitze leer vorheizen, bis sich der Deckel heiß anfühlt. Die Hitze reduzieren. ½–1 Eßlöffel Amaranthsamen hineingeben, den Deckel auflegen und die Samen unter Schütteln in 1–2 Minuten »aufpuffen« lassen; dabei darauf achten, daß sie nicht zu dunkel werden. Den aufgepufften Amaranth in eine Schüssel geben. Die restlichen Samen in weiteren kleinen Portionen aufpuffen.

Süße Hauptgerichte und Desserts

• Die Sonnenblumenkerne in die Pfanne geben und ohne Fett unter Bewegen goldbraun rösten. Die Pfanne von der Kochstelle nehmen. Die Butter hineingeben und schmelzen lassen.
• Die Mischung leicht abkühlen lassen, dann den Honig hineinrühren.
• Die Nüsse oder Mandeln und nach Belieben die Rosinen auf einem großen Brett grob hakken und ebenfalls in die Pfanne geben.
• Zum Schluß den aufgepufften Amaranth hineinrühren. Die Masse mit einem angefeuchteten Teigschaber oder Löffel auf ein Brett oder einen Teller streichen, abkühlen und dabei fest werden lassen.
• Das festgewordene Konfekt in kleine Schnitten zerteilen.

Tip: Achten Sie beim Aufpuffen von Amaranth darauf, daß die Pfanne gut heiß ist, und geben Sie die Samen immer nur in kleinen Portionen hinein, damit sie schnell aufpuffen und nicht zu dunkel werden. Zu stark gebräunte Samen puffen nicht mehr auf, da sie keine Feuchtigkeit mehr enthalten. Sie können Amaranth auch in aufgepuffter Form kaufen (siehe Seite 104).

Schnell · Einfach abzuwandeln · Glutenfrei

Carobcreme mit Bananen

Zutaten für 4 Portionen:
½ l Milch · 60 g Naturreis oder 80 g Hirse, fein gemahlen · 1 Eßl. Sesamsamen · 1 Eßl. Buchweizen · 1 Teel. Zuckerrohrgranulat · 3–4 Eßl. heller Honig oder Ahornsirup · 1 Messerspitze gemahlene Vanille · 4 Eßl. gesiebtes Carobpulver · 200 g Sahne · 2 Bananen
Pro Portion etwa 2000 kJ/480 kcal
11 g Eiweiß · 24 g Fett · 53 g Kohlenhydrate · 5 g Ballaststoffe

Zubereitungszeit: etwa 30 Minuten

• Die Milch in einen mit Wasser ausgespülten Topf gießen, das Reis- oder Hirsemehl hineinrühren, zum Kochen bringen und unter Rühren etwa 5 Minuten kochen lassen. Dann von der Kochstelle nehmen und abkühlen lassen; dabei gelegentlich umrühren.
• In einer Pfanne den Sesam und den Buchweizen ohne Fett rösten, bis es aromatisch duftet. Die Mischung abkühlen lassen; dann das Zuckerrohrgranulat daruntermischen.
• Den Honig oder den Ahornsirup, die Vanille und das Carobpulver in die Creme rühren. Die Sahne steif schlagen und vorsichtig darunterheben. Die Creme abschmecken.
• Die Bananen schälen und in Scheiben schneiden. Die Carobcreme und die Bananenscheiben in Dessertgläser schichten. Mit der gerösteten Samenmischung bestreuen.

Variante: Vanillecreme
Kochen Sie eine längs aufgeschnittene Vanilleschote oder 1 Teel. gemahlene Vanille mit und lassen Sie das Carobpulver weg.

Einfach abzuwandeln

Saftiger Kirschauflauf

Dieses Rezept können Sie auch mit anderen Früchten oder auch als Kuchen in einer Springform zubereiten.

Zutaten für 4 Portionen:
400–500 g Süß- oder Sauerkirschen · 50 g Zitronat · 50 g Weizen, mittelgrob geschrotet, Vollkorngrieß oder Vollkornbrotbrösel · 25 g Hafer, mittelfein geschrotet · ½ Teel. Zimtpulver · eventuell 1–2 Eßl. Rum oder Kirschwasser ·

Süße Hauptgerichte und Desserts

1 Zitrone · 3 Eiweiß · 1 Prise Salz · 3 Eigelb · 2-3 Eßl. heißes Wasser · 50-80 g Zuckerrohrgranulat oder Honig · 50 g Mandeln oder Haselnußkerne, frisch gerieben
Für die Form: Butter · 1 Eßl. Kleie, Grieß oder Brösel
Pro Portion etwa: 1500 kJ/360 kcal
11 g Eiweiß · 22 g Fett · 48 g Kohlenhydrate · 6 g Ballaststoffe

Vorbereitungszeit: etwa 40 Minuten
Backzeit: 20-25 Minuten

- Die Kirschen waschen, entsteinen und abtropfen lassen. Das Zitronat fein schneiden und in eine Schüssel geben.
- Den Weizenschrot, den Grieß oder die Brösel, den Haferschrot, den Zimt und nach Belieben den Rum oder das Kirschwasser dazugeben und alles mischen.
- Die Zitrone heiß abwaschen, abtrocknen und die Schale auf die Mischung reiben. Nach Belieben 1-2 Teelöffel Zitronensaft hineinrühren.
- Die Eiweiße mit dem Salz steif schlagen.
- In einer Schüssel die Eigelbe mit dem heißen Wasser und dem Granulat oder dem Honig zu einer dickschaumigen Creme schlagen.
- Den Backofen auf 200° (Gas Stufe 2½-3) einschalten. Eine flache Auflaufform fetten und mit der Kleie, dem Grieß oder den Bröseln ausstreuen.
- Die Mehlmischung und die Mandeln oder Nüsse in die Eigelbmasse rühren. Die Kirschen und den Eischnee vorsichtig mit dem Schneebesen darunterheben. Die Mischung in die Auflaufform füllen.
- Den Auflauf auf der mittleren Schiene in den Backofen schieben und in etwa 20 Minuten goldbraun backen. Den Backofen ausschalten und den Auflauf noch 3-5 Minuten darin stehenlassen. Dann herausnehmen und in der Form servieren.

Einfach abzuwandeln

Dinkel-Obst-Salat

Zutaten für 4 Portionen:
100 g Dinkel oder anderes Getreide · etwa ¼ l Wasser · 2 Orangen · 1 große Banane · 2 Äpfel · 50 g frische Trauben oder Rosinen · 1 Prise Salz · 1 Prise gemahlene Vanille · 50 g Walnußkerne oder Mandeln · eventuell 100 g Sahne
Pro Portion etwa: 1600 kJ/380 kcal
8 g Eiweiß · 17 g Fett · 52 g Kohlenhydrate · 9 g Ballaststoffe

Quellzeit: 3-5 Stunden
Garzeit: etwa 10 Minuten
Zubereitungszeit für den Salat: etwa 15 Minuten
Zeit zum Durchziehen: etwa 30 Minuten

- Den Dinkel verlesen, in einem Sieb abspülen, mit dem Wasser in einen Topf geben und 3-4 Stunden zugedeckt einweichen. (Ohne Einweichen verlängert sich die Garzeit auf etwa 20 Minuten.)
- Die eingeweichten Körner in dem Topf 3-5 Minuten kochen, dann bei schwacher Hitze oder in einer Spar-Gar-Box/Kochkiste etwa 20 Minuten quellen lassen. Anschließend prüfen, ob die Körper weich sind, notfalls noch etwa 10 Minuten nachquellen lassen.
- Währenddessen die Orangen schälen und in Spalten teilen. Die Spalten in kleine Stücke schneiden und in eine Schüssel geben. Die Banane schälen, in kleine Stücke schneiden und dazugeben. Den Apfel gründlich waschen, abtrocknen, vierteln, von Stiel, Blütenansatz und Kernhaus befreien. Die Apfelviertel in kleine Stücke schneiden und zu den anderen Zutaten geben. Die Trauben oder Rosinen waschen und daruntermischen.
- Den gekochten Dinkel in ein Sieb abgießen, dabei die Kochflüssigkeit auffangen und ander-

Süße Hauptgerichte und Desserts

weitig verwenden. Die Körner, das Salz und die Vanille unter die Fruchtstücke mischen.
• Die Nüsse auf einem großen Brett grob hacken und ebenfalls daruntermischen. Den Salat abschmecken und nach Möglichkeit noch etwa 30 Minuten durchziehen lassen.
• Nach Belieben den Obstsalat noch mit flüssiger oder geschlagener Sahne verfeinern.

Preiswert · Ganz einfach

Haferflockenauflauf mit Pflaumen und Quark

Zutaten für 4 Portionen:
500–600 g Pflaumen · 60 g ungeschwefelte Rosinen · 100 g Sonnenblumenkerne oder Haselnußkerne, grob gehackt · 100 g Nacktafer, mittelgrob geschrotet, oder Vollkornhaferflocken · eventuell etwas Butter · 2 Eiweiß · 1 Prise Salz · 2 Eigelb · 250 g Quark mit 20% Fett · 15–30 g Zuckerrohrgranulat, Honig oder Ahornsirup, je nach Süße der Pflaumen · 50 g Sahne oder Milch · 1 unbehandelte Zitrone
Für die Form: Butter
Pro Portion etwa: 2200 kJ/520 kcal
23 g Eiweiß · 26 g Fett · 50 g Kohlenhydrate · 6 g Ballaststoffe

Vorbereitungszeit: etwa 30 Minuten
Backzeit: 20–25 Minuten

• Die Pflaumen waschen, trockentupfen, halbieren und entkernen. Die Rosinen mit kochendem Wasser überbrühen und einige Minuten ziehen lassen, danach absieben.
• Die Sonnenblumenkerne oder die Haselnüsse in einer Pfanne ohne Fett unter ständigem Wenden goldbraun rösten, dann auf einen Teller schütten, damit sie nicht nachrösten.
• Den Haferschrot oder die Haferflocken in der Pfanne trocken oder mit etwas Butter etwa 3–4 Minuten rösten, bis es aromatisch duftet.
• Die Eiweiße mit dem Salz steif schlagen.
• Die Eigelbe mit dem Quark, dem Granulat, dem Honig oder Ahornsirup sowie der Sahne oder der Milch verrühren. Die Zitrone heiß abwaschen, abtrocknen und die Schale auf die Quarkmasse reiben.
• Den Backofen auf 200° (Gas Stufe 2½–3) einschalten. Eine flache Auflaufform fetten. 1 Eßlöffel gerösteten Hafer oder Haferflocken auf den Boden der Form streuen.
• Den restlichen Hafer in die Quarkmasse rühren. Den Eischnee mit dem Schneebesen vorsichtig darunterheben. Abwechselnd Pflaumen, Rosinen, Sonnenblumenkerne und Quarkmasse in die Form schichten. Mit einer Schicht aus Quarkmasse abschließen und die restlichen Sonnenblumenkerne darüberstreuen.
• Den Auflauf auf der mittleren Schiene in den Backofen schieben und in 20–25 Minuten goldbraun backen.

Variante: Der Auflauf schmeckt auch mit anderen saftigen Früchten. Zum Bestreuen eignet sich Zuckerrohrgranulat mit Zimt.

Einfach abzuwandeln

Milchreis mit Früchten

Nach diesem Rezept können Sie auch andere Getreidearten, zum Beispiel Hafer, Hirse, Gerste, Dinkel oder Weizen zubereiten und mit frischen Früchten der Jahreszeit, Trockenfrüchten und Nüssen abwandeln. Wenn Sie andere Getreidearten verwenden, dann beachten Sie die eventuell nötigen Einweich- und die unterschiedlichen Garzeiten (siehe Seite 12).

Süße Hauptgerichte und Desserts

Zutaten für 4 Portionen:
125 g Rundkorn-Naturreis · ⅛ l Wasser oder Obstsaft · ¼ l Milch · 1 Prise Salz · 1 unbehandelte Zitrone · 50 g beliebige Nüsse · 300–500 g Obst der Saison wie zum Beispiel Bananen, Äpfel, Erdbeeren, Aprikosen, Pfirsiche oder andere weiche Früchte, eine Sorte oder gemischt · 25 g ungeschwefelte Sultaninen · 1 Messerspitze gemahlene Vanille · 1 Messerspitze Zimt · 1 gehäufter Eßl. Butter (20 g) oder 50 g Sahne · 1–2 Eßl. Zuckerrohrgranulat oder Honig
Pro Portion etwa: 1500 kJ/360 kcal
7 g Eiweiß · 15 g Fett · 46 g Kohlenhydrate · 5 g Ballaststoffe

Zubereitungszeit: 50–55 Minuten

• Den Reis in einem Sieb kalt abspülen. Zuerst das Wasser oder den Saft in einen Topf gießen. Die Milch, den Reis und das Salz dazugeben. Die Zitrone heiß abwaschen, die Schale dünn in den Topf abreiben. Alles 2–3 Minuten aufkochen lassen, dann zugedeckt bei schwacher Hitze oder in der Spar-Gar-Box/Kochkiste 40–45 Minuten ausquellen lassen.
• Inzwischen die Nüsse grob hacken; nach Wunsch in einer trockenen Pfanne leicht anrösten. Die Früchte je nach Art waschen, schälen, von Kernen oder Kerngehäuse befreien und kleinschneiden. Die Zitrone auspressen.
• Die Sultaninen gegen Ende der Garzeit zum Reis geben. Mit der Vanille und dem Zimt würzen. Die Butter oder die Sahne einrühren. Den Topf vom Herd nehmen.
• Die Früchte und die Nüsse in den Reis rühren. Die Mischung mit dem Granulat oder dem Honig und 1 Teelöffel Zitronensaft abschmecken.
• Den Milchreis warm oder kalt servieren.

Variante: Statt der Nüsse können Sie auch Pinienkerne, kurz angeröstet, verwenden.

Für Gäste

Gestürzte Reiscreme
Bild Umschlag-Vorderseite

Zutaten für 4 Portionen:
125 g Rundkorn-Naturreis · ⅛ l Wasser oder Obstsaft · ¼ l Milch · 1 Prise Salz · 1 unbehandelte Zitrone · 1 Teel. Agar-Agar · 50 g beliebige Nüsse · 300–500 g Obst der Saison · 25 g ungeschwefelte Sultaninen · 1 Messerspitze gemahlene Vanille · 1 Messerspitze Zimt · 1 gehäufter Eßl. Butter (20 g) oder 50 g Sahne · 1–2 Eßl. Zuckerrohrgranulat oder Honig
Zum Garnieren: Sahne, frische Früchte, Nüsse nach Belieben
Pro Portion etwa: 1500 kJ/360 kcal
7 g Eiweiß · 15 g Fett · 46 g Kohlenhydrate · 5 g Ballaststoffe

Zubereitungszeit: etwa 1 Stunde
Kühlzeit: etwa 1 Stunde

• Aus den Zutaten wie im vorangegangenen Rezept einen Milchreis kochen und ausquellen lassen.
• Das Agar-Agar mit 2–3 Eßlöffeln Wasser anrühren und gegen Ende der Quellzeit in den noch heißen Reisbrei geben. Eventuell die Hitze wieder etwas erhöhen und das Agar-Agar 2–3 Minuten mitkochen lassen.
• Die Nüsse und Früchte wie beim Rezept Milchreis vorbereiten und unter den warmen Reisbrei mischen.
• Vier Tassen oder Dessertschälchen kalt ausspülen. Die Reismischung einfüllen und mindestens 1 Stunde kalt stellen.
• Das Dessert auf Teller stürzen und nach Belieben garnieren.

Herzhaftes Gebäck und Brot

Möchten Sie Ihre Familie mit einem neuen Vollkorngebäck überraschen? In diesem Kapitel finden Sie bestimmt einige interessante Rezepte für Brötchen, Brot und pikante Kuchen. Was beim Backen mit Vollkorn zu beachten ist, lesen Sie auf Seite 13.

Schnell · Für Gäste

Roggen-Knabberstangen

Diese Knabberstangen gelingen rasch und problemlos. Sie passen gut zu einer Salatplatte oder auch zu Käse-, Avocado- oder Quarkdips.

Zutaten für 32 Stangen:
Für den Teig: 250 g Roggen · 2 Teel. Kümmel ·
125 g kalte Butter · 200 g saure Sahne oder
Sahnequark · 1 Teel. Salz
Für den Belag: 2-3 Eßl. Milch oder Sahne ·
2 Eßl. Kümmel · 2 Eßl. geschälte Sesamsamen
Pro Stück etwa: 260 kJ/60 kcal
1 g Eiweiß · 5 g Fett · 5 g Kohlenhydrate ·
1 g Ballaststoffe

Vorbereitungszeit einschließlich Ruhezeit: etwa 30 Minuten
Backzeit: 25-30 Minuten

• Den Roggen zusammen mit dem Kümmel fein mahlen. Das Mehl mit der Butter in Flöckchen, der sauren Sahne oder dem Quark und dem Salz in einer Rührschüssel rasch zu einem geschmeidigen Teig verkneten. Den Teig zu einer Kugel formen und zugedeckt etwa 20 Minuten an einem kühlen Platz ruhen lassen.
• Für den Belag die Milch oder Sahne in einen Teller füllen. Den Kümmel und den Sesam auf einem weiteren Teller mischen.
• Den Backofen auf 200° (Gas Stufe 2½-3) vorheizen und ein Blech bereitstellen.
• Die Teigkugel vierteln. Aus jedem Teigstück eine Rolle formen. Diese in acht Portionen teilen und aus jedem Stück eine 1 cm dicke Stange formen.
• Die Stangen an beiden Enden festhalten, zuerst in die Milchsahne tauchen, dann in die Samenmischung drücken und auf das Blech legen. Das Blech auf der mittleren Schiene in den Backofen schieben und die Stangen in 25-30 Minuten knusprig braun backen.
• Die Roggenstangen auf einem Kuchengitter abkühlen lassen.

Ganz einfach · Für Gäste

Knusperfladen

Dieses knusprige Vollkorngebäck erinnert an die elsässischen Flammkuchen oder die schwäbischen Dinnete. Wenn Sie überraschend Besuch bekommen, läßt es sich schnell und einfach zubereiten und schmeckt ganz köstlich zu Bier oder Wein.

Zutaten für 1 Backblech:
Für den Teig: etwa ⅛ l lauwarmes Wasser ·
10 g Hefe · 1 gestrichener Teel. Salz ·
250 g Weizen, fein gemahlen · 2 Eßl. Öl
Für den Belag: 1 große Zwiebel (100 g) · 100 g
saure Sahne · 2-3 Eßl. Hartkäse, frisch gerieben · Salz oder Kräutersalz · ½ Teel. Kümmel
Für das Backblech: Butter oder Öl
Bei 16 Stücken pro Stück etwa: 320 kJ/75 kcal
3 g Eiweiß · 3 g Fett · 10 g Kohlenhydrate ·
2 g Ballaststoffe

Vorbereitungszeit: etwa 35 Minuten
Backzeit: 15-20 Minuten

Herzhaftes Gebäck und Brot

- Für den Teig das Wasser, die zerbröckelte Hefe und das Salz in einer Rührschüssel verrühren. Das Weizenmehl dazurühren. Das Öl hinzufügen und alles mit den Knethaken des Rührgerätes oder von Hand zu einem geschmeidigen Teig verkneten. Sollte er zu fest sein, noch 1-2 Eßlöffel Wasser dazugeben. Sollte er zu klebrig sein, noch 1-2 Eßlöffel Mehl einarbeiten. Den Teig zugedeckt etwa 20 Minuten gehen lassen, bis er etwas aufgegangen ist und sich weich anfühlt.
- Inzwischen für den Belag die Zwiebel schälen, abspülen, in sehr feine Ringe schneiden, in eine kleine Schüssel geben und leicht salzen. Die saure Sahne, den Käse und die Kümmelkörner hineinrühren. Die Mischung durchziehen lassen, bis der Teig gegangen ist.
- Das Blech fetten und auf ein feuchtes Tuch legen. Den aufgegangenen Teig in die Mitte des Bleches legen und mit einem Wellholz oder mit den Händen auf dem Blech 2-3 mm dünn ausrollen beziehungsweise flachdrücken.
- Die Sahne-Zwiebel-Mischung auf den Teig streichen und gleichmäßig verteilen.
- Den Backofen auf 200° (Gas Stufe 2½-3) einstellen. Den Fladen auf der mittleren Schiene hineinschieben und 15-20 Minuten backen, bis die Oberfläche leicht gebräunt und der Teig knusprig ist.
- Den Fladen noch auf dem Blech in kleine Stücke schneiden. Am besten warm servieren.

Variante: Knusperfladen mit Knoblauchbutter
Für den Knoblauchbelag 50 g weiche Butter mit 1 Teelöffel Olivenöl und 1-2 Eßlöffeln saurer Sahne verrühren. 2-3 Knoblauchzehen schälen und sehr fein hacken oder durch eine Knoblauchpresse drücken. Den Knoblauch, etwas Salz und 1-2 Eßlöffel frisch gehackte Petersilie in die Buttermasse rühren. Die Paste gleichmäßig auf den Teigboden streichen und den Fladen wie oben backen.

Ganz einfach · Für Gäste

Schwäbische Kümmelstangen
Bild Seite 53

Dieses Gebäck nennt man im Südschwäbischen »Seelen«. Es schmeckt mit Dinkel hergestellt am besten oder, da Dinkel leider nicht ganz billig ist, als Kompromiß mit Dinkel und Weizen.

Zutaten für 12 Stangen:
400-500 ccm lauwarmes Wasser · 40 g Hefe ·
2½ Teel. Salz · 350 g Dinkel, fein gemahlen ·
350 g Weizen, fein gemahlen · 1 Eßl. Kümmel ·
1 Eßl. Sesamsamen
Für das Backblech: Vollkornschrot oder Backtrennpapier
Pro Stück etwa 810 kJ/190 kcal
8 g Eiweiß · 2 g Fett · 36 g Kohlenhydrate ·
6 g Ballaststoffe

Vorbereitungszeit: etwa 1 Stunde
Backzeit: 20-25 Minuten

- In einer Rührschüssel das lauwarme Wasser, die zerbröckelte Hefe und das Salz verrühren.
- Das Dinkel- und das Weizenmehl in die Schüssel geben und alles mit dem Rührgerät in 2-3 Minuten zu einem geschmeidigen Teig verkneten, der sich von der Schüssel löst. Sollte er zu fest sein, noch 1-2 Eßlöffel Wasser dazugeben. Sollte er zu klebrig sein, noch 1-2 Eßlöffel Mehl einarbeiten. Den Teig zugedeckt etwa 20 Minuten gehen lassen, bis er deutlich aufgegangen ist und sich weich anfühlt.
- Ein Blech mit Schrot bestreuen oder mit Backtrennpapier auslegen.
- Den gegangenen Hefeteig kurz zusammenkneten. Eine kleine Schüssel mit Wasser bereitstellen und die Arbeitsfläche gründlich anfeuch-

Herzhaftes Gebäck und Brot

ten. Den Teig darauf mit sehr nassen Händen zu einem etwa 35 cm langen und 15 cm breiten Rechteck flachdrücken.
• Die Teigplatte mit einem Messer oder einer Palette in etwa 3 cm breite Streifen schneiden und diese mit 2–3 cm Abstand auf das Blech legen.
• Die Oberfläche der Teigstücke mit Wasser bestreichen, mit den Kümmelkörnern und dem Sesam bestreuen.
• Das Blech auf die mittlere Schiene des Backofens schieben und die Teigstücke etwa 15 Minuten gehen lassen, bis sie deutlich aufgegangen sind und sich auf der Oberfläche geplatzte Gärbläschen zeigen.
• Den Backofen auf 225° einschalten (Gas Stufe 3–4) und die Kümmelstangen in 25–30 Minuten goldbraun und knusprig backen.
• Die gebackenen Stangen zum Abkühlen auf ein Kuchengitter legen.

Das paßt dazu: eine Avocado- oder Käsecreme und ein frischer Salat.

Variante: Ganz fein schmecken diese Kümmelstangen, wenn man sie noch warm aufschneidet, mit etwas Butter bestreicht, mit Emmentaler oder Appenzeller Käse belegt und kurz im Backofen oder unter dem Grill überbäckt. Unter den Käse können Sie auch hauchdünn geschnittene Zwiebelringe legen.

Variante: Amaranthbrötchen
Den Hefeteig wie beschrieben zubereiten. Etwa 70 g Amaranthsamen in der Pfanne aufpuffen, wie bei »Alegria-Konfekt« auf Seite 79 beschrieben, und diese bis auf einen kleinen Rest in den Teig mischen. Kugeln formen, diese mit der Oberseite kurz in Wasser tauchen und danach in die restlichen gepufften Amaranthsamen drücken. Die Brötchen gehen lassen und dann etwa 30 Minuten wie oben backen.

Schnell · Preiswert · Für Gäste

Käse-Zwiebel-Plätzchen

Zutaten für 16 Plätzchen:
Für den Teig: 125 g Weizen · 125 g Grünkern oder Roggen · 2 Teel. Kümmel · 125 g kalte Butter · 150–200 g Quark mit 20% Fett oder saure Sahne · 50 g Hartkäse, frisch gerieben · 1 gestrichener Teel. Salz
Für den Belag: 200–250 g Zwiebeln · 50 g Hartkäse, frisch gerieben · 100 g saure Sahne · ½ Teel. Kümmel · Salz oder Kräutersalz
Für das Backblech: Butter oder Öl
Pro Stück etwa: 640 kJ/150 kcal
6 g Eiweiß · 10 g Fett · 11 g Kohlenhydrate · 2 g Ballaststoffe

Vorbereitungszeit einschließlich Ruhezeit: etwa 30 Minuten
Backzeit: 25–30 Minuten

• Für den Teig den Weizen und den Grünkern oder Roggen zusammen mit dem Kümmel fein mahlen.
• Das Mehl mit der Butter in Flöckchen, dem Quark oder der sauren Sahne, dem Käse und dem Salz in einer Rührschüssel zu einem geschmeidigen Teig verkneten. Aus dem Teig zwei Rollen formen und zugedeckt etwa 20 Minuten an einem kühlen Platz ruhen lassen.
• Für den Belag die Zwiebeln schälen, abspülen, in grobe Stücke schneiden und in eine hohe Rührschüssel geben. Den Käse, die saure Sahne, den Kümmel und 1 Prise Salz oder Kräutersalz hinzufügen. Alles mit dem Mixstab zu einer cremigen Masse pürieren.
• Den Backofen auf 200° (Gas Stufe 2½–3) vorheizen. Das Backblech leicht fetten.
• Die Teigrollen je in 8 Stücke teilen. Aus jedem Teigstück eine Kugel formen, diese zu einem kleinen Boden flach drücken, dabei einen klei-

Herzhaftes Gebäck und Brot

nen Rand formen. Die Plätzchen auf das Blech legen. Die Zwiebelcreme darauf verstreichen.
• Die Küchlein auf der mittleren Schiene in den Backofen schieben und 25-30 Minuten backen, bis die Oberfläche leicht gebräunt ist.

Ganz einfach
Grünkern-Zucchini-Brötchen
Bild Seite 53

Zutaten für 8-10 Brötchen:
100 g Grünkern (250 g gekocht) · ½ l Wasser · 40 g Hefe · 2 gestrichene Teel. Salz oder Kräutersalz · Streuwürze · ¼ Teel. getrockneter Thymian · 1 Prise Koriander, frisch gemahlen · 2 Eßl. Hefeflocken · 100 g Grünkern, fein gemahlen · 300 g Weizen, fein gemahlen · 120-150 g Zucchini · 2 Eßl. Kürbis- oder Sonnenblumenkerne
Für das Backblech: Butter · Vollkornmehl
Bei 8 Brötchen pro Stück etwa: 970 kJ/230 kcal 10 g Eiweiß · 4 g Fett · 40 g Kohlenhydrate · 7 g Ballaststoffe

Vorbereitungszeit: etwa 1 Stunde
Backzeit: 25-30 Minuten

• Den Grünkern verlesen und mit ¼ l Wasser in einem kleinen Topf zum Kochen bringen, etwa 5 Minuten kochen lassen, dann bei schwacher Hitze oder in der Spar-Gar-Box/Kochkiste in etwa 40 Minuten ausquellen lassen.
• Inzwischen das restliche Wasser etwas anwärmen. Die zerbröckelte Hefe mit dem Wasser, dem Salz oder Kräutersalz, etwas Streuwürze, dem Thymian, dem Koriander und den Hefeflocken in einer Rührschüssel verrühren. Dann das Grünkern- und das Weizenmehl hineinrühren.
• Die Zucchini waschen, die Blüten- und Stielansätze entfernen. Die Früchte mittelfein raspeln und gründlich unter den Teig rühren. Er soll geschmeidig, aber nicht zu weich sein. Wenn erforderlich, noch etwas Mehl oder Wasser dazugeben. Den Teig zugedeckt etwa 20 Minuten gehen lassen.
• Die gequollenen Grünkernkörner abgießen und in den Teig einarbeiten. Der Teig soll jetzt nicht zu fest sein. Eventuell noch 1-2 Eßlöffel Grünkernkochwasser darunterkneten. Dann den Teig zu einer Rolle formen, in 8 Stücke teilen und jedes Stück zu einer Kugel rollen. In jedes Brötchen einige Kürbis- oder Sonnenblumenkerne eindrücken. Die Brötchen auf ein leicht gefettetes und bemehltes Backblech legen und, mit einem Tuch bedeckt, etwa 10 Minuten gehen lassen, bis sich an der Oberfläche geplatzte Gärbläschen zeigen.
• Den Backofen auf 220° (Gas Stufe 3½) einschalten und die Zucchinibrötchen darin auf der mittleren Schiene 25-30 Minuten backen.
• Die Brötchen zum Abkühlen auf ein Kuchengitter legen.

Mit vorgekochten Kartoffeln · Raffiniert
Kerniges Hefebrot

Dieses Brot wird durch die Zugabe von gekochten Kartoffeln besonders saftig und gut haltbar.

Zutaten für 1 Kastenform von 30 cm Länge:
½ l Wasser · 20 g Hefe · 1 gestrichener Eßl. Salz · 500 g Weizen, fein gemahlen · 150 g Gerste oder Dinkel, fein gemahlen · 150 g gekochte Kartoffeln · 50 g Leinsamen · 50 g Sesamsamen · 50 g Kürbiskerne oder Sonnenblumenkerne
Für die Form: Butter oder Öl · 1 Eßl. Sesamsamen

Herzhaftes Gebäck und Brot

Bei 30 Scheiben pro Scheibe etwa: 435 kJ/ 105 kcal
4 g Eiweiß · 3 g Fett · 15 g Kohlenhydrate · 3 g Ballaststoffe

Vorbereitungszeit einschließlich Ruhezeit: etwa 1½ Stunden
Backzeit: 40–50 Minuten

- In einer Rührschüssel das Wasser mit der zerbröckelten Hefe und dem Salz verrühren. Das Mehl hineinrühren und alles mit dem Knethaken des Rührgerätes etwa 3–5 Minuten gründlich durchkneten. Den Teig zugedeckt 30–40 Minuten gehen lassen, bis sich sein Volumen etwa verdoppelt hat.
- Die Kartoffeln durch eine Presse drücken oder mit einem Elektrohacker oder einer Gabel gründlich zerdrücken und zu dem gegangenen Teig geben. Die Samen und Kerne ebenfalls dazugeben und alles gründlich verkneten. Der Teig soll relativ feucht und geschmeidig sein.
- Die Form fetten und mit Sesamsamen ausstreuen. Den Teig hineinfüllen. Die Oberfläche glattstreichen und mit nassen Händen anfeuchten. Das Brot an einem warmen Platz zugedeckt etwa 30 Minuten gehen lassen, bis der Teig sichtbar aufgegangen ist und an der Oberfläche geplatzte Gärbläschen sichtbar werden.
- Den Backofen auf 220° (Gas Stufe 3–4) einschalten. Die Kastenform auf die mittlere oder untere Schiene stellen und das Brot 40–50 Minuten backen, bis die Oberfläche gebräunt ist.
- Das Brot aus dem Backofen nehmen, die Oberfläche sofort mit Wasser bestreichen und das Brot noch 4–5 Minuten in der Form stehen lassen, dann herausstürzen und auf einem Gitter auskühlen lassen.

Variante: Wenn Sie aus diesem Teig Brötchen formen wollen, nehmen Sie etwas weniger Flüssigkeit, damit sie nicht auseinanderlaufen.

Ganz einfach · Braucht etwas Zeit

Gewürzbrot

Durch die lange Führungszeit des Teiges wird dieses Brot besonders geschmackvoll und feinporig! Für eine große Familie lohnt es sich, gleich die doppelte Menge zu backen.

Zutaten für 1 Kastenform von 25 cm Länge:
500 g Weizen oder Dinkel · 375–400 ccm Wasser · 5 g Hefe · 1 Teel. Kümmel · 1 Teel. Koriander · ½ Teel. Fenchel · ½ Teel. Anis · 2 gestrichene Teel. Salz
Für die Form: Butter
Bei 25 Scheiben pro Scheibe etwa: 260 kJ/ 60 kcal
3 g Eiweiß · 1 g Fett · 12 g Kohlenhydrate · 3 g Ballaststoffe

Vorbereitungszeit einschließlich Ruhezeit: 2 Stunden
Gärzeit: 12–20 Stunden
Backzeit: 35–40 Minuten

- Am Abend vorher 100 g Weizen oder Dinkel fein bis mittelfein mahlen. ⅛ l Wasser mit der zerbröckelten Hefe in einer Rührschüssel verrühren. Das Mehl hineinrühren und den Vorteig zugedeckt bei Zimmertemperatur 12–20 Stunden stehen und gären lassen.
- Am nächsten Tag den restlichen Weizen oder Dinkel mit den Gewürzen zusammen fein mahlen und mit dem Salz in die Schüssel auf den Vorteig geben. Mit etwa 250–300 ccm Wasser verrühren und mit dem Rührgerät oder von Hand gründlich kneten, bis sich der Teig von der Schüssel löst. Er darf relativ weich sein; ist er zu fest, noch etwas Wasser dazugießen.
- Den Teig zugedeckt bei Zimmertemperatur etwa 40 Minuten gehen lassen, bis er aufgegangen ist und sich weich anfühlt.

Herzhaftes Gebäck und Brot

- Den Teig kurz durchkneten und zu einem länglichen Laib formen. Die Kastenform gründlich fetten und das Brot hineinlegen. Zugedeckt noch einmal etwa 1 Stunde gehen lassen, bis der Teig deutlich aufgegangen ist.
- Den Backofen auf 225° (Gas Stufe 3-4) einschalten. Das Brot auf der unteren Schiene hineinschieben und in 35-40 Minuten knusprig braun backen.
- Das fertige Gewürzbrot aus dem Ofen nehmen, noch etwa 5 Minuten in der Form stehen lassen, dann auf ein Gitter stürzen und auskühlen lassen.

Kalt als Zwischenmahlzeit geeignet · Für Gäste

Möhren-Zucchini-Quiche

Zutaten für 1 Spring- oder Quicheform von 26 cm Durchmesser:
Für den Teig: 200 g Weizen, fein gemahlen · 100 g kalte Butter · 100 g Quark mit 20% Fett oder Frischkäse · 1 gestrichener Teel. Salz
Für den Belag: 5 Eßl. Sonnenblumenkerne · 1 große Zwiebel (100 g) · 1 Knoblauchzehe · 2 Eßl. kaltgepreßtes Olivenöl · 2 mittelgroße Möhren (200 g) · 500 g Zucchini · 3 Eßl. Thymian oder Petersilie, frisch gehackt
Für den Guß: 2 Eier · 100 g Crème fraîche oder saure Sahne · 100 g Parmesan oder Emmentaler Käse, frisch gerieben · ½ Teel. gekörnte Gemüsebrühe · Salz oder Kräutersalz
Für die Form: Butter
Bei 12 Stücken pro Stück etwa: 1100 kJ/ 260 kcal
10 g Eiweiß · 18 g Fett · 14 g Kohlenhydrate · 4 g Ballaststoffe

Vorbereitungszeit: etwa 1 Stunde
Backzeit: 30-35 Minuten

- Für den Teig das Weizenmehl in eine Rührschüssel geben. Die Butter in Stückchen daraufsetzen und mit dem Rührgerät verkrümeln. Den Quark oder den Frischkäse und das Salz darunterkneten. Den Teig zugedeckt kühl stellen und etwa 20 Minuten ruhen lassen.
- In einer Pfanne die Sonnenblumenkerne ohne Fett unter ständigem Bewegen goldbraun rösten. Dann beiseite stellen.
- Die Zwiebel schälen, abspülen, halbieren und in kleine Würfel schneiden. Die Knoblauchzehe schälen und sehr fein schneiden oder durch eine Knoblauchpresse drücken.
- Das Öl in einem Topf erhitzen und die Zwiebeln sowie den Knoblauch darin glasig dünsten.
- Die Möhren waschen, schaben oder dünn schälen und in 2-3 mm dicke Scheiben schneiden oder hobeln. Die Möhrenscheiben zu den Zwiebeln geben und zugedeckt etwa 3 Minuten dünsten.
- Die Zucchini waschen, von Stiel- und Blütenansätzen befreien und in ½ cm dicke Scheiben schneiden. Die Zucchinischeiben ebenfalls in den Topf geben und zugedeckt in etwa 5 Minuten nicht ganz weich dünsten. Die Hälfte der Sonnenblumenkerne und die Kräuter bis auf einen kleinen Rest unter das Gemüse rühren.
- Den Backofen auf 200° (Gas Stufe 2½-3) einschalten.
- Die Form leicht fetten und den Teig darin mit den Fingern zu einem gleichmäßigen Boden ausdrücken. Dabei einen etwa 3 cm breiten Rand hochziehen. Den Boden mehrmals mit einer Gabel einstechen, auf der mittleren Schiene in den Backofen schieben und etwa 10 Minuten vorbacken.
- Für den Guß die Eier, die Crème fraîche oder die saure Sahne und den Käse verrühren. Mit der gekörnten Brühe und Salz oder Kräutersalz würzen.
- Die Form aus dem Backofen nehmen, die Gemüsemischung auf den Teig verteilen und

Herzhaftes Gebäck und Brot

den Guß darübergießen, dabei den Guß mit einem Löffel oder einer Gabel leicht in die Gemüsemasse einrühren. Die restlichen Sonnenblumenkerne darüberstreuen.
- Die Form wieder in den Backofen stellen und die Quiche noch 20-25 Minuten backen, bis die Masse gestockt und die Oberfläche goldgelb ist.
- Die Quiche mit dem restlichen Thymian oder der restlichen Petersilie bestreuen und sofort servieren.

Variante: Quiche mit Hefeteig
Sie können die Quiche auch mit Hefeteig zubereiten. In einer Teigschüssel 150 ccm lauwarmes Wasser mit 10 g zerbröckelter Hefe und 1 gestrichenen Teelöffel Salz verrühren. 200 g fein gemahlenes Weizenvollkornmehl und 1 gehäuften Eßlöffel weiche Butter hineinrühren und den Teig so lange kneten, bis er sich von der Schüssel löst. Den Teig zugedeckt etwa 20 Minuten gehen lassen, bis er deutlich aufgegangen ist und sich weich anfühlt. Den Teig kurz durchkneten, in die Form drücken und einen Rand formen. Den Teig noch einmal kurz gehen lassen und dann den Belag daraufgeben. Bei 200° (Gas Stufe 2½-3) 30-35 Minuten backen.

Für Gäste · Kalt als Zwischenmahlzeit geeignet

Wirsingquiche

Zutaten für 1 Spring- oder Quicheform von 26 cm Durchmesser:
Für den Teig: 200 g Weizen · 50 g Grünkern · 1 Teel. Koriander · 125 g kalte Butter · 1 gestrichener Teel. Salz · 1 Ei · 1-2 Eßl. Wasser
Für den Belag: 300 g Wirsing · etwa ½ Tasse Wasser · 2-3 Eier · 2 Eßl. Sojamehl, vollfett · 200 g Sahne · 150 g Emmentaler Käse, frisch gerieben · 1 Prise Muskatnuß, frisch gerieben · Pfeffer, frisch gemahlen
Für die Form: Butter
Bei 12 Stücken pro Stück etwa: 1200 kJ/ 290 kcal
10 g Eiweiß · 20 g Fett · 15 g Kohlenhydrate · 3 g Ballaststoffe

Vorbereitungszeit: etwa 45 Minuten
Backzeit: etwa 30 Minuten

- Für den Teig den Weizen, den Grünkern und den Koriander zusammen fein mahlen und in eine Rührschüssel geben. Die Butter in Stückchen daraufsetzen, das Salz dazugeben und mit dem Rührgerät oder den Händen verkrümeln. Das Ei und das Wasser hinzufügen und alles zu einem geschmeidigen Teig verkneten. Den Teig zugedeckt kühl stellen und 20 Minuten ruhen lassen.
- Den Backofen auf 200° (Gas Stufe 2½-3) vorheizen.
- Die Form leicht fetten und den Teig darin mit den Fingern zu einem gleichmäßigen Boden ausdrücken und einen 3 cm hohen Rand hochziehen. Den Boden mehrmals mit einer Gabel einstechen und im Backofen auf der mittleren Schiene 10 Minuten vorbacken.
- Inzwischen den Wirsing waschen, abtropfen lassen und in 1-2 cm breite Streifen schneiden. Die Wirsingstreifen in einem kleinen Topf mit dem Wasser 7-10 Minuten vordünsten.
- Die Eier verquirlen. Das Sojamehl, die Sahne, den Käse, den Muskat und etwas Pfeffer hineinrühren.
- Die Form aus dem Ofen nehmen, den Wirsing auf dem Teigboden verteilen. Die Ei-Käse-Masse darübergießen und die Form wieder in den Backofen schieben. Die Quiche noch etwa 20 Minuten backen, bis die Eimasse gestockt und die Oberfläche hell bis goldbraun ist.

Süßes Gebäck und Kuchen

Auch süße Brötchen fürs Frühstück, Plätzchen, saftige Obstkuchen oder feine Torten schmecken mit Vollgetreide besonders aromatisch. Weil sie im Gegensatz zu herkömmlichem Gebäck nicht übersüß sind, kommen alle anderen Geschmackszutaten viel besser zur Geltung.

Schnell · Ganz einfach

Müslibrötchen

Zutaten für 20–25 Brötchen:
50 g ungeschwefelte Rosinen oder Sultaninen ·
150 g Mandeln, Haselnuß-, Walnuß- oder Sonnenblumenkerne, eine Sorte oder gemischt ·
250 g Weizen, fein gemahlen · 50 g Hafer, mittelgrob geschrotet, ersatzweise Vollkornhaferflocken · 150 g Quark mit 20% Fett · 1 gestrichener Teel. Zimtpulver · 30–40 g Zuckerrohrgranulat oder Honig, je nach Süße der Äpfel · 4 mittelgroße saftige Äpfel (etwa 500 g) · eventuell 1–2 Eßl. Milch
Für das Blech: Butter oder Backtrennpapier
Bei 20 Brötchen pro Stück etwa: 520 kJ/ 120 kcal
5 g Eiweiß · 5 g Fett · 16 g Kohlenhydrate · 3 g Ballaststoffe

Vorbereitungszeit: etwa 30 Minuten
Backzeit: 25–30 Minuten

- Die Rosinen oder Sultaninen in eine Tasse geben, mit kochendem Wasser übergießen und quellen lassen.
- Die Mandeln, Nüsse oder Sonnenblumenkerne auf einem großen Brett mit einem großen scharfen Messer mittelgrob hacken und in die Rührschüssel geben.
- Das Weizenmehl und den Haferschrot oder die Haferflocken mit dem Quark, dem Zimt und dem Granulat oder dem Honig ebenfalls in die Schüssel geben und alles mischen.
- Die Äpfel schälen, vom Kernhaus befreien und auf einer Reibe fein raspeln oder im Elektrohacker zerkleinern. Die Apfelmasse zu den anderen Zutaten in die Schüssel geben und mit den Rührbesen des Rührgerätes zu einem geschmeidigen Teig verrühren. Sollte der Teig zu fest sein, noch etwas Milch hineinrühren.
- Die Rosinen oder Sultaninen abgießen und in den Teig rühren Das Backblech fetten oder mit Backtrennpapier belegen.
- Aus dem Teig mit nassen Händen etwa 20 Kugeln formen, diese leicht flachdrücken und auf das Blech setzen.
- Den Backofen auf 180° (Gas Stufe 2–2½) einschalten. Die Brötchen auf der mittleren Schiene in den Ofen schieben und 25–30 Minuten backen, bis sie leicht gebräunt sind.
- Die Brötchen schmecken am besten frisch, 1–2 Tage alt werden sie etwas kompakter.

Schnell · Ganz einfach

Mürbe Teeplätzchen

Zutaten für 50–60 Plätzchen:
250 g Dinkel, ersatzweise Weizen, fein gemahlen · 1 Messerspitze Weinstein-Backpulver · 60–80 g Zuckerrohrgranulat, fein ausgesiebt · 1 unbehandelte Zitrone · 1 Ei · 125 g kalte Butter
Für das Blech: Backtrennpapier
Bei 50 Plätzchen pro Stück etwa: 170 kJ/40 kcal
1 g Eiweiß · 3 g Fett · 5 g Kohlenhydrate · 1 g Ballaststoffe

Vorbereitungszeit: etwa 15 Minuten
Ruhezeit: 30–60 Minuten
Backzeit: 8–10 Minuten

Süßes Gebäck und Kuchen

- Das Dinkel- oder Weizenmehl mit dem Backpulver und dem Granulat in eine Rührschüssel geben und vermischen.
- Die Zitrone heiß waschen, abtrocknen und die Schale zu den Zutaten reiben. Das Ei und die Butter in kleinen Stückchen dazugeben und alles zu einem glatten Teig verkneten.
- Aus dem Teig 2 Rollen von 3–4 cm Durchmesser formen, auf ein Brett legen und zugedeckt 30–40 Minuten kühl stellen.
- Den Backofen auf 200° einschalten (Gas Stufe 2½–3). Ein Blech mit Backtrennpapier auslegen.
- Von den Teigrollen ½ cm dicke Scheiben schneiden und mit 1 cm Abstand auf das Blech legen. Das Blech auf der mittleren Schiene in den Backofen schieben und die Plätzchen in 8–10 Minuten goldbraun backen.
- Die Teeplätzchen mit einer Palette vom Blech nehmen, auf ein Kuchengitter setzen und auskühlen lassen.

Variante: Sie können die Plätzchen auch vor dem Backen noch mit Sahne oder Eigelb bestreichen und mit Sesam oder gehackten Mandeln bestreuen.

Ganz einfach · Raffiniert

Orangen-Schokoplätzchen

Zutaten für etwa 80 Plätzchen:
250 g Dinkel, fein gemahlen, oder 200 g Weizen und 50 g Hirse, fein gemahlen · 1 gestrichener Teel. Weinstein-Backpulver · 80 g Zuckerrohrgranulat · ½ Teel. gemahlene Vanille · 1 Ei · 125 g kalte Butter · 1 unbehandelte Orange · 50 g Carobraspel, ersatzweise zartbittere Schokolade
Für das Blech: Backtrennpapier

Pro Stück etwa: 140 kJ/35 kcal
1 g Eiweiß · 2 g Fett · 4 g Kohlenhydrate ·
1 g Ballaststoffe

Vorbereitungszeit: etwa 30 Minuten
Ruhezeit: 1–2 Stunden
Backzeit: 10–15 Minuten

- Das Mehl in eine Schüssel geben und mit dem Backpulver mischen. Das Granulat, die Vanille und das Ei dazugeben. Die Butter in Stückchen daraufsetzen.
- Die Orange heiß waschen, abtrocknen und die Schale ohne das Weiße in die Schüssel reiben. Alle Zutaten zu einem glatten Teig verkneten.
- Die Carobraspel unter den Teig kneten oder die Schokolade auf einem Brett mit einem großen Messer in kleine Stückchen hacken und die Schokoladestückchen unter den Teig kneten.
- Aus dem Teig 3 Rollen mit etwa 3 cm Durchmesser formen. Diese auf ein Brettchen legen, mit Klarsichtfolie bedecken und mit einem zweiten Brettchen auf etwa 2 cm Höhe zusammendrücken. 1–2 Stunden kalt stellen.
- Den Backofen auf 180° vorheizen (Gas Stufe 2–2½). Ein Blech mit Backtrennpapier auslegen.
- Mit einem scharfen Messer von den Teigstükken 1 cm dicke Scheiben abschneiden. Diese mit etwa ½ cm Abstand auf das Blech legen. Die Plätzchen auf der mittleren Schiene in den Backofen schieben und in 10–15 Minuten mittelbraun backen.
- Die Orangen-Schokoplätzchen mit einer Palette auf ein Kuchengitter heben und auskühlen lassen.

Tip: Backen Sie die Plätzchen nicht zu dunkel, weil dann das Orangenaroma nicht zur Geltung kommt. Wenn Sie Carob verwenden, können Sie weniger Süßungsmittel nehmen, da Carob süß schmeckt.

Süßes Gebäck und Kuchen

Schnell · Raffiniert

Carobbiskuit mit Himbeeren und Sahne

Dieser Biskuit mit der Sahnefüllung ist schnell zubereitet, also ein idealer Kuchen, wenn sich kurzfristig Besuch angemeldet hat.

Zutaten für 1 Springform von 26 cm Durchmesser:
3–4 Eiweiß · 1 Prise Salz · 3 EßI. heißes Wasser · 30–40 g Zuckerrohrgranulat oder 50–60 g Honig · 3–4 Eigelb · 80 g Dinkel, fein gemahlen, ersatzweise Weizen · 60 g gesiebtes Carobpulver · 250 g Himbeeren · 250 g Sahne
Für die Form: Pergamentpapier
Bei 12 Stücken pro Stück etwa: 520 kJ/120 kcal
5 g Eiweiß · 8 g Fett · 10 g Kohlenhydrate ·
2 g Ballaststoffe

Vorbereitungszeit: etwa 20 Minuten
Backzeit: 15–20 Minuten
Fertigstellung: etwa 10 Minuten

• In den Boden der Springform Pergamentpapier einspannen. Den Backofen auf 180° vorheizen (Gas Stufe 2½).
• Für den Teig die Eiweiße in einer Rührschüssel mit dem Salz und dem Wasser mit dem Rührgerät in etwa 1 Minute zu steifem Schnee schlagen. Das Granulat oder den Honig hineinrühren. Die Eigelbe nach und nach darunterrühren und so lange weiterschlagen, bis eine feste, cremige Masse entstanden ist, in der Rührspuren sichtbar bleiben.
• Das Mehl und das Carobpulver auf die Masse geben und mit einem Schneebesen vorsichtig darunterheben.
• Den Teig in die vorbereitete Form geben und auf der mittleren Schiene im vorgeheizten Backofen 15–20 Minuten backen.
• Den Kuchen anschließend noch 3–4 Minuten im ausgeschalteten Backofen stehenlassen, dann herausnehmen und in der Form etwa 5 Minuten abkühlen lassen.
• Den Rand des Kuchens mit einem Messer lösen. Den Springformrand entfernen. Das Kuchengitter auf den Kuchen legen, Kuchen und Gitter festhalten und umdrehen. Den Boden der Form abnehmen, das Papier abziehen und den Kuchen völlig auskühlen lassen.
• Inzwischen für die Füllung die Himbeeren verlesen, nur wenn nötig kurz in einem Sieb abspülen und abtropfen lassen. Die Sahne steif schlagen.
• Den Kuchen mit einem großen Messer oder einem starken Zwirn einmal quer durchschneiden und die obere Hälfte vorsichtig abheben. Die Hälfte der Sahne auf die untere Platte streichen und etwa zwei Drittel der Himbeeren darauf verteilen. Die obere Teigplatte daraufsetzen und leicht andrücken.
• Die restliche Sahne auf den Kuchen streichen. Mit den restlichen Himbeeren verzieren. Nach Belieben noch mit etwas Carobpulver bestäuben.

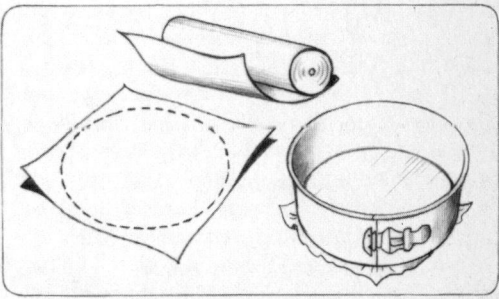

Für Biskuit wird der Boden der Form mit Pergamentpapier oder Backtrennpapier belegt und dieses mit dem Springformrand glatt eingespannt.

Süßes Gebäck und Kuchen

Schnell · Glutenfrei

Buchweizenkuchen mit Aprikosen

Zutaten für 1 Springform von 26 cm Durchmesser:
3 Eiweiß · 1 Prise Salz · 75 g weiche Butter · 75–100 g Zuckerrohrgranulat oder Honig · 3 Eigelb · 1 unbehandelte Zitrone · 150 g Buchweizen, fein gemahlen · 50 g Sojamehl, vollfett · 2 Teel. Weinstein-Backpulver · 500 g Aprikosen · 50 g Mandeln, grob gehackt oder in Blättchen geschnitten
Für die Form: Butter
Bei 12 Stücken pro Stück etwa: 850 kJ/200 kcal
6 g Eiweiß · 11 g Fett · 21 g Kohlenhydrate · 3 g Ballaststoffe

Vorbereitungszeit: etwa 30 Minuten
Backzeit: 25–30 Minuten

- Die Eiweiße mit dem Salz steif schlagen und beiseite stellen.
- In einer Rührschüssel die weiche Butter mit dem Granulat oder dem Honig und den Eigelben mit dem Rührgerät cremig rühren.
- Die Zitrone heiß waschen, abtrocknen und die Hälfte der Schale in die Eigelbmasse reiben. Die Zitrone halbieren, auspressen und etwa 2 Teelöffel Saft ebenfalls hineinrühren. (Den restlichen Zitronensaft anderweitig verwenden.) Das Buchweizen- und das Sojamehl mit dem Backpulver mischen und in die Schüssel geben. Alles verrühren und kurz quellen lassen.
- Inzwischen die Aprikosen in einer Schüssel mit kochendem Wasser übergießen. Nach 2–3 Minuten abgießen. Die Früchte mit kaltem Wasser abschrecken und die Haut abziehen. Die Aprikosen halbieren und entkernen.
- Die Springform fetten und die Hälfte der Mandeln auf den Boden streuen.
- Den Backofen auf 200° vorheizen (Gas Stufe 2½–3).
- Den Eischnee mit dem Schneebesen unter die Teigmasse heben und den Teig in die Form gleiten lassen. Die Früchte daraufsetzen und die restlichen Mandeln darüberstreuen.
- Den Kuchen auf der mittleren Schiene in den Backofen schieben und in 30–35 Minuten goldbraun backen.
- Den Kuchen aus dem Ofen nehmen, noch 2–3 Minuten in der Form stehenlassen, dann den Springformrand entfernen. Den Buchweizenkuchen mit einer Palette vom Springformrand lösen, auf ein Kuchengitter gleiten und auskühlen lassen.

Ganz einfach · Glutenfrei

Saftiger Hirsekuchen

Für diesen Kuchen brauchen Sie kein zusätzliches Süßungsmittel, da die Hirse mit Apfelsaft gekocht wird und süße Früchte in den Kuchen kommen.

Zutaten für 1 Springform von 26 cm Durchmesser:
200 g Hirse · ½ l Apfelsaft · 1 unbehandelte Zitrone · 1 Messerspitze Zimtpulver · 1 Messerspitze gemahlene Vanille · 100 g Sultaninen · 2 Eiweiß · 1 Teel. Zitronensaft, frisch gepreßt · 1 Prise Salz · 2 mittelgroße vollreife Bananen · 100 g weiche Butter · 2 Eigelb · eventuell etwas Honig · 80–100 g Walnußkerne · 200 g Weizen, fein gemahlen · 1 Teel. Weinstein-Backpulver · eventuell 2 Eßl. Rum · 250–300 g vollreife Mirabellen, Zwetschgen oder Äpfel
Für die Form: Butter · 1–2 Eßl. geschälte Sesamsamen

Süßes Gebäck und Kuchen

Bei 12 Stücken pro Stück etwa: 1400 kJ/ 330 kcal
7 g Eiweiß · 14 g Fett · 43 g Kohlenhydrate · 5 g Ballaststoffe

Vorbereitungszeit: etwa 50 Minuten
Backzeit: 45–50 Minuten

- Die Hirse verlesen, in einem Sieb heiß abspülen und in einen Topf geben. Den Apfelsaft dazugießen. Die Zitrone heiß waschen, abtrocknen und die Schale in den Topf reiben. Den Zimt und die Vanille dazugeben. Alles zum Kochen bringen und zugedeckt etwa 10 Minuten leicht kochen lassen.
- Gegen Ende der Garzeit die Sultaninen zur Hirse geben, kurz mitkochen lassen. Dann die Hirse auf der ausgeschalteten Platte oder in einer Spar-Gar-Box/Kochkiste 15–20 Minuten ausquellen lassen.
- Inzwischen die Eiweiße mit dem Zitronensaft und dem Salz steif schlagen.
- Die Bananen schälen, grob zerteilen, in eine Schüssel geben und mit der Butter sowie den Eigelben cremig rühren. Wenn die Bananen nicht vollreif und weich sind, sollen Sie sie zuvor mit einer Gabel zerdrücken und mit etwas Honig verrühren.
- Die Walnußkerne mit den Fingern grob zerbrechen und in die Bananenmasse einrühren. Das Weizenmehl mit dem Backpulver mischen, mit der Hirse und nach Belieben mit dem Rum unter die Bananenmasse rühren.
- Die Mirabellen oder die Zwetschgen waschen, trockentupfen und entkernen. Oder die Äpfel schälen, vierteln, vom Kerngehäuse befreien und in Spalten schneiden.
- Den Backofen auf 180° einschalten (Gas Stufe 2–2½). Die Form gründlich fetten und mit dem Sesam ausstreuen.
- Den Eischnee unter den Teig heben. Die Hälfte des Teiges in die Form füllen. Die Früchte darauf verteilen. Den restlichen Teig daraufgeben und glattstreichen.
- Den Kuchen auf der mittleren Schiene in den Backofen schieben und in 45–50 Minuten goldbraun backen. Danach im abgeschalteten Ofen noch 5 Minuten stehen lassen.
- Den Kuchen herausnehmen. Den Springformrand lösen und den Kuchen auf ein Gitter stürzen. Den Springformrand abnehmen und den Hirsekuchen auskühlen lassen.

Das paßt dazu: Schlagsahne

Tip: Für diesen Kuchen können Sie sehr gut einen Rest von ungewürzt gekochter Hirse oder auch von gekochtem Reis verwenden. Sie müssen in diesem Fall nur noch die Gewürze hinzufügen und die Hirse etwas süßen, zum Beispiel mit etwa 50 g Honig. Die Vorbereitungszeit verkürzt sich dann um etwa 30 Minuten.

Braucht etwas Zeit

Apfel-Streusel-Kuchen
Bild Seite 72

Zutaten für 1 Backblech:
Für den Teig: 250 ccm lauwarme Milch · 40 g Hefe · 60 g Zuckerrohrgranulat oder 80 g Honig · 1 Prise Salz · 1–2 Eier · 500 g Weizen, fein gemahlen · 80 g weiche Butter · 1 unbehandelte Zitrone
Für den Belag: 150 g Weizen, fein gemahlen · 75 g Zuckerrohrgranulat oder 80 g Honig · 80 g kalte Butter · ½ Teel. gemahlene Vanille · 100 g Haselnußkerne · 750 g bis 1 kg Äpfel · ½ Teel. Zimtpulver · eventuell 1–2 Eßl. Rum · 50 g Sahne
Für das Backblech: Butter oder Öl

Süßes Gebäck und Kuchen

Bei 16 Stücken pro Stück etwa: 1400 kJ/ 330 kcal
8 g Eiweiß · 15 g Fett · 40 g Kohlenhydrate · 6 g Ballaststoffe

Vorbereitungszeit: etwa 1 Stunde
Backzeit: 30–35 Minuten

- Für den Teig in einer Rührschüssel die Milch, die zerbröckelte Hefe, das Granulat oder den Honig, das Salz und das Ei verrühren. Das Weizenmehl dazugeben und mit den Knethaken des Rührgerätes kurz verrühren.
- Die Butter in Stückchen zum Teig geben. Die Zitrone heiß waschen, abtrocknen und die Schale in die Schüssel reiben. Den Teig mit dem Rührgerät oder von Hand gründlich kneten, bis er glänzt und sich von der Schüssel löst. Sollte der Teig am Schüsselrand kleben, noch 1 Eßlöffel Mehl darunterkneten. Sollte er zu fest sein, noch 1–2 Eßlöffel Milch einarbeiten.
- Den Teig zu einer Kugel formen, leicht mit Mehl bestäuben und während der Vorbereitung des Belags zugedeckt, möglichst in warmer Umgebung, gehen lassen, bis sich das Volumen etwa verdoppelt hat.
- Das Backblech gründlich fetten.
- Für den Belag das Weizenmehl, das Granulat oder den Honig, die Butter in Flöckchen und die Vanille mit den Händen oder in einem schmalen Rührbecher mit dem Rührgerät verkrümeln.
- Die Nüsse fein reiben oder auf einem Brett oder im Elektrohacker mittelgrob hacken.
- Den gegangenen Teig kurz durchkneten, zu einer Kugel formen und auf dem Blech (das Blech auf ein Tuch legen, damit es nicht rutscht) zu einer Fläche ausrollen oder ausdrücken. Die Teigplatte, mit einem Tuch bedeckt, 5–10 Minuten gehen lassen.
- Inzwischen die Äpfel heiß waschen, abtrocknen, vierteln, vom Kernhaus befreien und auf einer Reibe mittelgrob reiben oder in einem Elektrohacker mittelgrob zerkleinern. Die abgeriebene Zitrone (vom Teig) auspressen.
- In einer Schüssel die Apfelmasse mit dem Saft der Zitrone, den Nüssen, dem Zimt, nach Belieben dem Rum und der Sahne mischen.
- Die Apfelmischung auf den Teig streichen und die Streusel darauf verteilen.
- Den Backofen auf 200° einschalten (Gas Stufe 2½–3). Den Kuchen auf die mittlere Schiene schieben und 30–35 Minuten backen, bis der Boden und die Ränder knusprig und braun sind.
- Den Kuchen herausnehmen und die Teigplatte in 2 oder 4 Teile schneiden. Die Stücke auf einem Kuchengitter auskühlen lassen.

Das paßt dazu: Schlagsahne

Braucht etwas Zeit

Stollen nach Dresdner Art

Zutaten für 2 Stollen:
250 g ungeschwefelte Rosinen · 250 g Korinthen · 100 g Zitronat · 100 g Orangeat ·
6 Eßl. Rum, ersatzweise heißes Wasser ·
80 g Hefe · ¼ l Milch · 150 g Zuckerrohrgranulat oder Honig · 2 Eigelb · 1 Prise Salz ·
750 g Weizen, fein gemahlen · 200 g süße Mandeln · 1 Eßl. bittere Mandeln · 1 unbehandelte Zitrone · 1 unbehandelte Orange · ¼ Teel. gemahlener Kardamom · ½ Teel. gemahlene Muskatblüte · ½ Teel. Zimtpulver · 1 Teel. gemahlene Vanille · 300 g weiche Butter
Für das Backblech: Backtrennpapier, eventuell Alufolie
Zum Bestreichen und Bestreuen: 50 g Butter · 1 Eßl. Wildpfeilwurzelmehl

Bei 40 Stücken pro Stück etwa: 970 kJ/230 kcal
5 g Eiweiß · 15 g Fett · 28 g Kohlenhydrate · 4 g Ballaststoffe

Süßes Gebäck und Kuchen

Quellzeit: 12 Stunden
Vorbereitungszeit einschließlich Ruhezeit:
1 Stunde und 20 Minuten
Backzeit: 60–70 Minuten

- Die Rosinen und die Korinthen mit kochendem Wasser überbrühen und 1–2 Minuten ziehen lassen. Dann das Wasser abschütten. Das Zitronat und das Orangeat, wenn nötig kleinschneiden und mit den Rosinen, den Korinthen sowie dem Rum oder dem heißen Wasser in eine kleine Schüssel geben. Die Mischung zugedeckt 12 Stunden, am besten über Nacht, ziehen lassen.
- Am nächsten Tag die Hefe in eine Rührschüssel bröckeln und mit 200 ccm Milch, dem Granulat oder dem Honig, den Eigelben und dem Salz verrühren.
- Das Weizenmehl dazugeben und alles mit dem Rührgerät zu einem glatten Teig verkneten, bis er sich von der Schüssel löst. Den Teig zugedeckt etwa 20 Minuten möglichst in warmer Umgebung gehen lassen, bis sich sein Volumen ungefähr verdoppelt hat.
- Inzwischen die Hälfte der süßen Mandeln und alle bitteren Mandeln fein reiben. Die restlichen süßen Mandeln mittelgrob hacken.
- Die Zitrone und die Orange heiß waschen, abtrocknen und die Schalen auf die Teigmasse reiben. Den Kardamom, die Muskatblüte, das Zimtpulver und die Vanille hinzufügen. Die weiche Butter mit einem Eßlöffel in kleinen Portionen auf dem Teig verteilen und alles gründlich miteinander verkneten. Der Teig sollte glänzen, sich von der Schüssel lösen und geschmeidig sein. Sollte er zu fest sein, noch die restliche Milch hineinkneten.
- Den Teig nochmals 45–60 Minuten zugedeckt an einem kühlen Platz (damit er feinporig wird) gehen lassen.
- Das Backblech mit Backtrennpapier belegen.
- Die eingeweichten Rosinen, Korinthen, Zitronat- und Orangeatstückchen und die geriebenen sowie die gehackten Mandeln unter die Teigmasse kneten. Den Teig in 2 Hälften teilen. Jede Teighälfte auf der bemehlten Arbeitsfläche etwa 3 cm dick ausrollen und die Längskanten 4–5 cm einschlagen. Eine der eingeschlagenen Teigkanten nochmals umschlagen, so daß die Teigkante der anderen Seite zum Teil bedeckt wird. Die Stollen mit etwa 10 cm Abstand auf das Blech legen, mit einem Küchentuch abdecken, auf die untere Schiene des Backofens schieben (ohne Hitze!) und nochmals 30–40 Minuten gehen lassen. Sollte der Teig etwas zu weich sein und auseinanderfließen, kann man, um ihn in Form zu halten, um jeden Stollen einen 3–4 cm hohen Streifen aus 4fach gefalteter Alufolie legen, dessen Enden durch mehrmaliges Umknicken fest verbunden werden müssen.
- Wenn die Stollen deutlich größer geworden sind, das Tuch abnehmen und den Backofen auf 220° einschalten (Gas Stufe 3–4). Nach etwa 20 Minuten die Temperatur auf 180° (Gas Stufe 2–2½) zurückschalten und die Stollen noch 40–50 Minuten weiterbacken. Damit die Oberfläche nicht zu dunkel wird, können die Stollen, wenn sie mittelbraun sind, mit Pergamentpapier oder Alufolie abgedeckt werden.
- Die Butter zerlassen. Die heißen Stollen damit bestreichen, dann auf ein Kuchengitter heben und auskühlen lassen. Das Wildpfeilwurzelmehl durch ein Sieb auf die Stollen stäuben.
- Die abgekühlten Stollen in Zellophanpapier oder Alufolie wickeln und kühl aufbewahren.

Kleine Vollwert-Warenkunde

Die meisten der in diesem Kochbuch verwendeten Zutaten kennen Sie sicher. Einige in der Vollwertküche aus bestimmten Gründen bevorzugte Nahrungsmittel sowie einige vielleicht weniger geläufige Produkte möchte ich Ihnen kurz erläutern. Erhältlich sind sie in Reformhäusern, Naturkostläden, Supermärkten oder gut sortierten Lebensmittelgeschäften.
Wissenswertes zu den verschiedenen Getreidearten finden Sie auf Seite 8.

Agar-Agar: Ein Geliermittel aus Meeresalgen. Löst sich beim Kochvorgang auf, und die Speise wird sofort nach dem Erkalten steif.

Ahornsirup: Wird aus dem Saft von Ahornbäumen gewonnen. Süßt weniger stark als Honig und gibt den Speisen zugleich einen würzigen Geschmack. Nicht unbedingt preiswert, aber sparsam im Verbrauch. Geöffnet im Kühlschrank einige Wochen haltbar.

Alfalfa: siehe Luzernensprossen.

Biosmon: Ein Mineralsalzgemisch, das zum Waschen und Auffrischen von Gemüsen und Salaten dient; in Biosmonwasser Gelegtes laugt nicht aus und wird wieder knackig.

Butter: Ein leicht verdauliches Fett, das den Geschmack der Speisen abrundet. Enthält reichlich Vitamin A und D sowie Mineralstoffe. Butter wegen ihres Cholesteringehaltes abzulehnen ist nicht gerechtfertigt, denn neueste Untersuchungen haben gezeigt, daß durch die Nahrung zugeführtes Cholesterin nur zu einem geringen Teil in körpereigenes Cholesterin umgewandelt wird. Vollwerternährung kann sich überdies normalisierend auf den Cholesterinstoffwechsel im Blut auswirken.

Butterschmalz: Durch Ausschmelzen von Wasser und Eiweißbestandteilen befreite Butter, daher länger haltbar und hitzeverträglicher als diese. Gut zum Braten geeignet.

Carob: Aus den Kernen der Johannisbrotfrüchte durch Vermahlen gewonnen. Enthält Vitamine und Mineralstoffe. Kann anstelle von Kakao verwendet werden, im Geschmack ähnlich, jedoch süß und fettärmer. Carobraspel, aus Carob, ungehärtetem Pflanzenfett, Malzextrakt, Sojamehl, Lecithin und Vanille hergestellt, eignen sich für Süßspeisen, Gebäck oder geschmolzen als Glasur.

Cashewnüsse: Die Samen einer tropischen Baumfrucht. Besonders reich an Nähr- und Wirkstoffen (Magnesium). Sie schmecken süßlich-aromatisch, besonders gut sind sie geröstet. Wegen der aufwendigen Ernte und Röstmethode sind sie nicht ganz billig.

Champignons: Als Zuchtpilze in verschiedenen Sorten ganzjährig angeboten. Dunklere Sorten (Steinchampignons, Egerlinge) sind aromatischer als weiße oder rosafarbene, da sie mehr Trockensubstanz enthalten. Aufbewahrung 1-2 Tage im Gemüsefach des Kühlschranks möglich. Besser schmecken sie frisch oder ersatzweise tiefgefroren (unblanchiert eingefroren im Handel).

Couscous-Grieß: Grob vermahlener Hartweizengrieß. Wird vor allem in Nordafrika gegessen. Wird bei der Herstellung durch Wasserdampf vorgegart, daher kurze Garzeit von maximal 10 Minuten.

Crème fraîche: siehe Milchprodukte.

Eier: Möglichst Eier verwenden, die von artgerecht gehaltenen und gefütterten Hühnern stammen. Siehe auch Seite 13.

Kleine Vollwert-Warenkunde

Erbsen: Tiefgefrorene feine Erbsen sind den selten angebotenen frischen fast gleichwertig. Ganz junge frische Erbsen heißen Zuckerschoten oder Kefen. Diese werden abgefädelt und mit der Schote gegessen.

Gemüsebrühe: Eine wichtige Grundlage für Suppen und Saucen anstelle von Fleischbrühe. Sie wird aus verschiedenen Gemüsesorten oder -abschnitten selbst zubereitet (mit Zwiebel, Knoblauch, Lorbeer, Gewürznelken, Pfefferkörnern, beliebigen Kräutern, mit Wasser bedeckt etwa 20 Minuten schwach kochen, dann absieben). Oder auch als Konzentrat (Würfel, granuliert als gekörnte Brühe, Paste) im Handel. Diese Instant-Produkte enthalten außer Gemüse und Kräutern Hefe (»Gemüse-Hefebrühe«), Salz und meistens Fett. Beachten Sie beim Kauf, daß es sich um ungehärtetes Fett handeln sollte. Die in den Rezepten angegebene Gemüsebrühe ist austauschbar: 1 Würfel für ½ l Wasser entspricht etwa 2 Teelöffeln gekörnter Brühe oder Paste.

Gomasio: Eine Würzmischung für Salate, Gemüse, Aufläufe aus ungeschält gemahlenen Sesamsamen und Meersalz (»Sesamsalz«). Enthält die wertvollen Bestandteile des Sesam (Fett, Eiweiß, Mineralstoffe). Schmeckt nußartig. Läßt sich aus grob gemahlenem Sesam und Meersalz leicht selbst herstellen; im Verhältnis 10 : 1 in einer Pfanne unter Rühren so lange rösten, bis sich der Sesam goldbraun färbt. Hält sich in Schraubglas verschlossen einige Wochen.

Haselnüsse: siehe Nüsse und Samen.

Hefeflocken: Enthalten pflanzliches Eiweiß und Vitamine der B-Gruppe. Zur Geschmacksabrundung und zum Binden von Gemüse, Getreidegerichten, Suppen, Saucen geeignet. Die Flocken schmecken besonders würzig, wenn sie kurz vor Verwendung angeröstet werden.

Honig: Natürliches Süßungsmittel mit wertvollen Inhaltsstoffen (Mineralstoffe, Enzyme). Wertvoller Honig mit würzendem Eigengeschmack sollte möglichst unerhitzt verwendet werden. Preiswertere Sorten eignen sich gut zum Backen. Wie alle Süßungsmittel sollte auch Honig sparsam verzehrt werden (Kariesgefahr).

Käse: Unterschiedlich schmeckende Sorten verleihen den Speisen verschiedene Geschmacksnuancen. In den Rezepten vorgeschlagene Sorten können nach Belieben variiert werden. Käse würzt meist kräftig, so daß sparsamer gesalzen werden kann.

Kichererbsen: Hülsenfrüchte mit gelblichen, unregelmäßig geformten Samen. Getrocknet im Handel. Enthalten reichlich Kalium, Phosphor und Vitamin A. Die Samen können gekeimt werden. Vor dem Kochen muß man sie einweichen (Garzeit je nach Einweichzeit 30–90 Minuten).

Kleie (Weizenkleie): Ein »Abfallprodukt« bei der Mehlherstellung. Als Ballaststoffanreicherung für Müsli oder Backwaren; fertig im Handel.

Kräutersalz: Stein- oder Meersalz, das mit feingemahlenen Gemüsen und Kräutern vermischt ist. Würzt intensiv und runder als reines Salz; sparsam verwenden. Verschiedene Mischungen im Handel, die individuell ausprobiert werden sollten.

Kürbiskerne: siehe Nüsse und Samen.

Leinsamen: Kleine braune Samen der Flachspflanze. Enthalten reichlich mehrfach ungesättigte Fettsäuren sowie Quell- und Schleimstoffe (verdauungsfördernd). Gemahlen und ungemahlen im Handel.

Kleine Vollwert-Warenkunde

Luzernensprossen: Samen einer Kleeart (Alfalfa), die sich besonders gut zum Keimen eignen. Sehr vitamin- und mineralstoffreich. Auch fertig gekeimt im Handel. Siehe auch Seite 11.

Mandeln: siehe Nüsse und Samen.

Milch und Milchprodukte: Wertvolle Eiweißlieferanten, aber auch calcium- und vitaminreich. Sauermilchprodukte sind besonders gut verträglich. »Frischmilch« und nicht hitzebehandelte Milchprodukte sollten bevorzugt werden. Crème fraîche, eine kaum säuerlich schmeckende, dicke Sahne (Fettgehalt 30%). Flockt beim Erhitzen nicht aus und verleiht Saucen, Aufläufen und Gemüsen eine cremige Konsistenz. Quark habe ich in meinen Rezepten mit 20% Fett i.Tr. verwendet. Nach Wunsch kann stattdessen auch Magerquark oder Quark mit 40% Fett verarbeitet werden.
Saure Sahne wird meist in Fettgehaltstufen von 10 oder 20% angeboten. Die 20%ige saure Sahne kann statt Crème fraîche verwendet werden.

Mungobohnen: siehe Sojabohnen.

Nüsse und Samen: Haselnüsse, Mandeln, Walnüsse, Kürbiskerne, Sonnenblumenkerne, Sesamsamen, aber auch Cashewnüsse und Leinsamen (siehe dort) sind sehr fetthaltig. Man sollte sie immer aus neuer Ernte möglichst frisch verwenden und erst kurz vor Verwendung zerkleinern, denn sie werden sonst leicht ranzig. Achten Sie beim Kauf auf unbeschädigte Kerne oder Samen und auf das Haltbarkeitsdatum.
Verschiedene Nußarten, Mandeln, Sesamsamen gibt es auch fein zerkleinert als Mus zu kaufen.

Öl: In der Vollwertküche sollte Wert auf kaltgepreßte, nicht raffinierte Öle gelegt werden. Es gibt geschmacksneutrale (Sonnenblumenöl) und aromatische Sorten (zum Beispiel Olivenöl). Distelöl hat einen besonders hohen Anteil an mehrfach ungesättigten Fettsäuren, die für eine gesunde Ernährung sehr wichtig sind. Öle sollten kühl, dunkel und nicht zu lange gelagert, außerdem nicht zu hoch erhitzt werden, damit ihre wertvollen Inhaltsstoffe nicht verlorengehen.

Rosinen: siehe Trockenfrüchte.

Safran: Ein edles Gewürz von milder Schärfe, sparsam im Verbrauch. Zur Gewinnung von 1 kg Safran sind die Samenfäden von 100 000 Blüten der Safranpflanze (einer Schwertlilienart) nötig; das erklärt den hohen Preis.

Salz: Ein wichtiges Würzmittel, das heute nur leider meist zu reichlich verwendet wird. In der Vollwertküche wird gerne mit Meersalz gewürzt, das mineralstoffreicher als Steinsalz ist. Siehe auch »Kräutersalz«.

Schabzigerklee: Ein Hochgebirgskraut, das besonders gut zu Käse paßt. Gemahlen im Handel.

Senfsprossen: Scharf-würzige Keimlinge aus Senfsamen. Siehe auch Seite 11.

Sesamsamen: siehe Nüsse und Samen.

Sojabohnen, Sojasprossen: Zum Keimen werden meist die kleinen grünen Mungobohnen verwendet (siehe Seite 11). Auch fertig gekeimt im Handel. Frische Sojasprossen sollten, wenn sie in größeren Mengen oder häufig gegessen werden, vor dem Verzehr mindestens 2 Minuten blanchiert werden.

Sojamehl, vollfett: Wertvoller Lieferant von pflanzlichem Eiweiß. Kann als Bindemittel oder beim Backen statt Ei eingesetzt werden.

Kleine Vollwert-Warenkunde

Sojasauce: Aus in Salz vergorenen Sojabohnen. Verstärkt den Eigengeschmack der Speisen. Liefert Eiweiß und Mineralstoffe.

Sonnenblumenkerne: siehe Nüsse und Samen.

Sprossen: Keimlinge aus Getreide, Hülsenfrüchten und anderen Samen können Sie selbst herstellen (siehe Seite 11), manche Sorte auch fertig kaufen. Achten Sie beim Ankeimen immer darauf, daß die Samen unbehandelt und möglichst aus biologischem Anbau sind.

Steinpilzbrühe: Hefebrühepaste mit intensivem Pilzaroma zum Würzen.

Streuwürze: Rein pflanzliches Würzmittel aus feingemahlenen Gemüsen, Kräutern, Salz und Glutamat. Dient zur Abrundung und Geschmacksverstärkung von Speisen.

Sultaninen: siehe Trockenfrüchte.

Tofu: Ein »pflanzlicher Quark« aus Sojabohnen. Gehört in der asiatischen Küche zu den Grundlebensmitteln. Enthält hochwertiges pflanzliches Eiweiß und ist leicht verdaulich. Sein Geschmack ist mild-neutral, Tofu kann daher für salzige und süße Speisen gleichermaßen verwendet werden. Durch Marinieren können Sie ihn nach Wunsch aromatisieren. Tofu ist eine gute Alternative für Menschen, die Hühnereier nicht vertragen.

Trockenfrüchte: Rosinen, Sultaninen und andere getrocknete Früchte werden in der Vollwertküche gerne als natürliche Süßungsmittel eingesetzt. Kaufen Sie unbedingt chemisch unbehandelte Produkte.

Weinstein-Backpulver: Aus Natron und natürlicher Weinsteinsäure hergestelltes Backtriebmittel für die Vollwertbäckerei.

Weizenkeime: 2–3 Tage alte Sprossen aus Weizenkörnern. Durch den Keimprozeß wird vor allem der Vitamingehalt gesteigert (bis zu 600%). Sie sind deshalb eine hervorragende Nahrungsergänzung. Siehe auch Seite 11.

Weizenkeimflocken: Beim herkömmlichen Vermahlen von Weizen übrig bleibende vitaminreiche Keimteile; in Flockenform im Handel.

Wildpfeilwurzelmehl: Pfeilwurzel- oder Maranthastärke ist ein aus tropischen Wurzeln gewonnenes, naturbelassenes Produkt. Leicht verdaulich. Wird als optischer Ersatz für Puderzucker zum Bestäuben von Gebäck oder anstelle von Speisestärke als Verdickungsmittel verwendet.

Zuckerrohrgranulat: Getrockneter Saft der Zuckerrohrpflanze, schonend gewonnen und nicht raffiniert. Dieser Vollrohrzucker enthält sehr viele Vitamine und Mineralstoffe. Als Ur-Süße oder Sucanat im Handel.

Zuckerschoten: siehe Erbsen.

Rezept- und Sachregister

Kursiv gesetzte Seitenzahlen verweisen auf Farbbilder.

Äpfel (Tip) 19
Agar-Agar 98
Ahornsirup 98
Alegria-Amaranth-Konfekt 79
Alfalfa 11, 98
Amaranth 9, (Tip) 80
Amaranthbrötchen (Variante) 86
Apfelküchlein mit Bananen-Zimt-Sauce 77
Apfel-Streusel-Kuchen *72, 95*
Aufbewahren von Getreide 10

Backen mit Getreide 12, (Tips) 13
Ballaststoffe 7
Bananen-Zimt-Sauce, Apfelküchlein mit Bananen-Zimt-Sauce 77
Biosmon 98
Blinis und Fruchtsahne (Variante) 55
Blumenkohl, mit Grünkernsauce überbacken 67
Broccolipüree, Gerstenschnitten mit Broccolipüree 44, *Umschlag-Rückseite*
Buchweizen 8, 12, *3. Umschlagseite*
Buchweizenblinis und Kräuterquark *54, 55*
Buchweizenfüllung, Zucchini mit Buchweizenfüllung 74
Buchweizengnocchi (Variante) 42
Buchweizenkuchen mit Aprikosen 94
Buchweizenküchlein mit Tomaten und Käse 52, *Umschlag-Rückseite*
Buchweizennudeln und Spinat mit knusprigem Sesam 61
Buchweizenring mit Currysauce (Variante) 41
Buchweizenring mit kalter Tomatensauce 40
Butter 98
Butterschmalz 98

Carob 98
Carobbiskuit mit Himbeeren und Sahne 93
Carobcreme mit Bananen 80
Cashewnüsse 98
Champignons 98
Chicorée (Zeichnung) 64
Couscous mit Kichererbsen 33
Couscous-Grieß 98
Crème fraîche 98
Crêpes, mit China-Gemüse gefüllt 48
Currysauce, Buchweizenring mit Currysauce (Variante) 41

Dinkel 8, 11, 12
Dinkel mit Safran und Gemüse 38
Dinkelcremesuppe mit Gemüse 27
Dinkel-Curry-Füllung, Zwiebeln mit Dinkel-Curry-Füllung 73
Dinkelklößchen (Tip) 29
Dinkelklößchen, Gemüsebrühe mit Dinkelklößchen *Umschlag-Vorderseite*, 28
Dinkelnudeln mit Pilzsahne 58
Dinkel-Obst-Salat 81
Dinkelremoulade 25

Eier 98
Einkaufen von Getreide 9
Einweichzeiten, ganze Körner 12
Eiweiß 7
Energie sparen (Tips) 14
Erbsen 99

Fette 7
Frischkornmüsli 19

Garzeiten für ganze Körner 12
Gemüsebrühe 99
Gemüsebrühe mit Dinkelklößchen *Umschlag-Vorderseite*, 28
Gemüseketchup, Hirseplätzchen mit Gemüseketchup 47
Gemüseterrine *17,* 26
Gerste 8, *3. Umschlagseite*
Gerstensalat, Bunter Gerstensalat 20
Gerstenschnitten mit Broccolipüree 44, *Umschlag-Rückseite*
Gerstenschnitten mit Kräutersauce (Variante) 45
Gerstenschnitten mit Tomatenpüree (Variante) 45
Gerstensuppe, Bündner Gerstensuppe 31
Getreide in der Vollwertküche 6
Getreide näher betrachtet 6
Getreide richtig behandeln 9
Getreidebratlinge (Tip) 52
Getreide-Gemüse-Auflauf *18,* 66
Getreidemühle, Die Anschaffung einer Getreidemühle 10
Getreidesalate (Tips) 21, 23
Getreide-Steckbriefe 8, *3. Umschlagseite*
Getreidesprossen 11
Gewürzbrot 88
Gomasio 99
Grüne Sauce, Hirse-Mangold-Röllchen mit grüner Sauce 74
Grünkern 8, 12, *3. Umschlagseite*
Grünkern-Chicorée-Gratin 64
Grünkerncremesuppe mit Croutons (Variante) 28
Grünkern-Gemüse-Bratlinge 46
Grünkern-Pilz-Topf 39
Grünkernsalat mit Gurke 22
Grünkernsuppe, Herzhafte Grünkernsuppe 27
Grünkern-Zucchini-Brötchen *53,* 87

Hafer 8, *3. Umschlagseite*
Hafer-Brennessel-Suppe 32
Haferflockenauflauf mit Pflaumen und Quark 82
Hafernudeln mit Wirsing in Morchelsauce 59, *71*

Rezept- und Sachregister

Haferpfannkuchen mit Lauch-Mais-Gemüse 51
Hafersalat mit Schafkäse *Umschlag-Vorderseite,* 23
Haselnüsse 99
Hefebrot, Kerniges Hefebrot 87
Hefeflocken 99
Hirse 8, 12, *3. Umschlagseite*
Hirsegratin mit Tomaten und Nüssen 65
Hirsekuchen, Saftiger Hirsekuchen 94
Hirse-Mangold-Röllchen mit grüner Sauce 74
Hirsepfannkuchen, Gefüllte Hirsepfannkuchen 56
Hirseplätzchen und Gemüseketchup 47
Hirsesoufflé mit Rhabarber und Erdbeeren *2. Umschlagseite,* 78
Hirsesuppe mit Frühlingsgemüse 31
Hirsotto mit Spargel 37
Honig 99

Ingwer (Zeichnung) 49
Inhaltsstoffe, Die Bedeutung der Inhaltsstoffe 7

Käse 99
Käseknödel, Salzburger Käseknödel 42
Käsesauce, Spinatgnocchi mit Käsesauce 41
Käsesauce, Spinatspätzle mit Käsesauce 60
Käse-Zwiebel-Plätzchen 86
Kässpätzle, Oberschwäbische Kässpätzle 63
Kaiserschmarrn mit frischen Früchten 78
Keimsprossen auf einen Blick 11
Kichererbsen 11, 99
Kirschauflauf, Saftiger Kirschauflauf 80
Knusperfladen 84

Knusperfladen mit Knoblauchbutter (Variante) 85
Kochen mit Getreide 12, (Tips) 12
Kräutermüsli, Herzhaftes Kräutermüsli 16
Kräuternudeln mit Gemüse 62, *Umschlag-Rückseite*
Kräuterquark, Buchweizenblinis und Kräuterquark *54,* 55
Kräutersalz 99
Kräutersauce, Gerstenschnitten mit Kräutersauce (Variante) 45
Küchlein, Körnige Küchlein mit Gemüse 50
Kümmelstangen, Schwäbische Kümmelstangen *53,* 85
Kürbiskerne 99

Lauch (Zeichnung) 31
Lauch-Mais-Gemüse, Haferpfannkuchen mit Lauch-Mais-Gemüse 51
Leinsamen 99
Linsen (Tip) 30
Luzernensprossen 11, 99

Mais 8
Maisauflauf mit Tomaten *Umschlag-Vorderseite,* 68
Mais-Bohnen-Salat mit Buchweizen 24
Maiskörner (Zeichnung) 24
Maisschnitten mit Sprossen 46
Mandeln 100
Maße 14
Mengen 14
Milch und Milchprodukte 100
Milchreis mit Früchten 82
Mineralstoffe 7
Möhren-Lauch, Schrotplätzchen mit Senfsauce und Möhren-Lauch 56
Möhren-Zucchini-Quiche 89
Müsli, Gekochtes Müsli 15
Müsli mit Keimlingen und Haferflocken 15
Müslibrötchen 91

Mungobohnen 11, 100
Mutterkorn (Zeichnung) 9

Nacktgerste 8, 11, 12
Nackthafer 8, 11, 12
Naturreis 8, 12
Nudelteig (Tips) 59, 63
Nüsse und Samen 100

Öl 100
Orangen-Schokoplätzchen 92

Pfannkuchen (Tip) 52
Pilzragout, Serviettenknödel mit Pilzragout *36,* 43
Pilzsahne, Dinkelnudeln mit Pilzsahne 58

Quellzeiten für ganze Körner 12
Quiche mit Hefeteig (Variante) 90
Quinoa 9

Reis 8
Reiscreme, Gestürzte Reiscreme *Umschlag-Vorderseite,* 83
Reiscremesuppe mit Tomaten oder Möhren 29
Reiscurry mit Zucchini 38
Reis-Gemüse-Topf mit Champignons 34, *35*
Reis-Linsen-Suppe, Exotische Reis-Linsen-Suppe 30
Roggen 8, 11, 12
Roggencremesuppe mit Kresse 29
Roggen-Knabberstangen 84
Roggen-Spinat-Auflauf 65
Rosinen 100

Safran 100
Salz 100
Samen 100
Schabzigerklee 100
Schrotbrei (Tip) 57
Schrotplätzchen mit Senfsauce und Möhren-Lauch 56

Rezept- und Sachregister

Senfsauce, Schrotplätzchen mit Senfsauce und Möhren-Lauch 56
Senfsprossen 100
Serviettenknödel mit Pilzragout *36*, 43
Sesamsamen 100
Sojabohnen 100
Sojamehl, vollfett 100
Sojasauce 100
Sojasprossen 100
Sonnenblumenkerne 11, 101
Spargel (Tip) 37
Spinat mit knusprigem Sesam, Buchweizennudeln und Spinat mit knusprigem Sesam 61
Spinatgnocchi mit Käsesauce 41
Spinatpfannkuchen 50
Spinatspätzle mit Käsesauce 60
Sprießkornhafer 8
Springform (Zeichnung) 93
Sprossen 11, 101

Spurenelemente 7
Stärke 7
Steinpilzbrühe 101
Stollen nach Dresdner Art 96
Streuwürze 101
Sultaninen 101

Teeplätzchen, Mürbe Teeplätzchen 91
Tofu 101
Tofu-Reis in Auberginen 76
Tomaten, mit Hirse gefüllt 70, *Umschlag-Rückseite*
Tomatenpüree, Gerstenschnitten mit Tomatenpüree (Variante) 45
Tomatensauce, Buchweizenring mit kalter Tomatensauce 40
Trockenfrüchte 101

Vanillecreme (Variante) 80
Vitamine 7
Vor dem Start zu lesen 14

Weinstein-Backpulver 101
Weizen 8, 11, 12, *3. Umschlagseite*
Weizenkeime 101
Weizenkeimflocken 101
Weizenkleie 101
Weizensalat mit Käse und Trauben 21
Weizen-Sesam-Klößchen mit Wirsing 42
Wildpfeilwurzelmehl 101
Wirsing, Hafernudeln mit Wirsing in Morchelsauce 59, *71*
Wirsingquiche 90
Wirsingsoufflé 69

Zeit sparen (Tips) 14
Zucchini mit Buchweizenfüllung 74
Zuckerrohrgranulat 101
Zuckerschoten 101
Zwiebeln mit Dinkel-Curry-Füllung 73

Bücher und Adressen, die weiterhelfen

Chemie in Lebensmitteln. Verlag Zweitausendeins, Frankfurt/M-61
Elmadfa (u. a.), Die große GU Vitamin- und Mineralstoff-Tabelle. Gräfe und Unzer Verlag, München
Elmadfa (u. a.), GU Nährwert-Kompaß. Gräfe und Unzer Verlag
Goetz, Naturkost – ein praktischer Warenführer. pala-Verlag, Schaafheim
Handbuch der Haushaltsgetreidemühlen. Verlag Natürlich und Gesund Eberhard Cölle, Stuttgart
Koerber/Männle/Leitzmann, Vollwert-Ernährung. Grundlagen einer vernünftigen Ernährungsweise. Haug Verlag, Heidelberg
Thomas, Vollkorn bietet mehr. Diaita Verlag, Bad Homburg
Vorteile und Möglichkeiten der Getreidelagerung im Haushalt. Übersicht über Getreideschädlinge. Bericht. UGB-Forum 6/87, Keplerstr. 1, 6300 Gießen

Adressen biologisch wirtschaftender Landwirte durch:
Anog e. V., Ernst-Reuter-Str. 18, 5400 Koblenz
Biokreis Ostbayern e. V., Rosensteig 13, 8390 Passau
Fördergemeinschaft org.-biol. Land- und Gartenbau e. V., Barbarossastr. 14, 7336 Uhingen (Bioland, Org.-biol. Landbau Müller)
Forschungsring für die biol.-dynamische Wirtschaftsweise e. V., Baumschulenweg 11, 6100 Darmstadt (Demeter, Biodyn)
Verband für naturgemäßen Landbau e. V., Kleinhaderner Weg 1, 8032 Gräfelfing (Naturland)

Bezugsquellen:
Spar-Gar-Box im Haushaltwaren-Fachhandel. Information durch SUS Schulte-Ufer KG, 5768 Sundern/Sauerland
Dampfgargerät, Firma Imperial, 4980 Bünde/Westf.
Amaranth-Produkte und -Broschüre von Firma Allos Walter Lang, 2841 Mariendrebber

So sehen die wichtigsten Getreidearten als ganzes Korn, grob geschrotet und fein gemahlen aus. Von oben nach unten Hafer, Buchweizen, Hirse, Grünkern, Gerste, Weizen. Siehe Seite 8.